Paul Geyer

Kritische Bemerkungen zu S. Silviae Aquitanae Peregrinatio ad Loca Sancta

Paul Geyer

Kritische Bemerkungen zu S. Silviae Aquitanae Peregrinatio ad Loca Sancta

ISBN/EAN: 9783744613217

Hergestellt in Europa, USA, Kanada, Australien, Japan

Cover: Foto ©berggeist007 / pixelio.de

Weitere Bücher finden Sie auf **www.hansebooks.com**

Königl. bayerische

Studienanstalt samt Kollegium

bei St. Anna

in

Augsburg.

Jahresbericht

für

1889/90.

Mit einem Programm von Studienlehrer Geyer:
Kritische Bemerkungen zu:
Sextae Silviae Aquitanae peregrinatio ad loca sancta.

Augsburg.

Druck von Ph. J. Pfeiffer.

1890.

I.
Lehrerkollegium.

Studienrektor: Gymnasialprofessor Karl Fries.
Gymnasialassistenten: Studienlehrer Dr. Bauer;
                          Friedrich Hacker.
Ordinarien der Lateinschule:
  der 1. Klasse: Assistent August Keppel;
  der 2. Klasse: Studienlehrer Dr. Hans Maisel;
  der 3. Klasse A: Studienlehrer Paulus Geyer;
  der 3. Klasse B: Assistent Wilhelm Wolff;
  der 4. Klasse: Studienlehrer Karl Köberlin;
  der 5. Klasse: Studienlehrer Otto Adam;
      des Gymnasiums:
  der I. Klasse: Gymnasialprofessor Dr. Georg Helmreich;
  der II. Klasse: Gymnasialprofessor Johann Baumann;
  der III. Klasse: Gymnasialprofessor Friedrich Mezger;
  der IV. Klasse: der Studienrektor.

Fachlehrer
  für den protestantischen Religionsunterricht: Inspektor des Diakonissenhauses Friedrich Boeckh und Pfarrer Ludwig Wisbacher;
  für den katholischen Religionsunterricht: Benefiziat August Lämmermeyer;
  für den israelitischen Religionsunterricht: Rabbiner Dr. Heinrich Groß;
  für Mathematik und Physik: Gymnasialprofessor Heinrich Schmidt und Studienlehrer Dr. Gottlieb Herting;
  für die französische und englische Sprache: Assistent Eduard Hunsicker;
  für das Hebräische: Pfarrer Wisbacher u. Studienlehrer Köberlin;
  für Kalligraphie: Schullehrer Gottlob Söldner;
  für Turnen: Turnlehrer Johann Brülbeck;
  für Gesang: Schullehrer Gustav Schallenmüller;
  für Stenographie: Schullehrer Karl Söldner;
  für Zeichnen: Zeichenlehrer Erhard Wittmann.

II.
Lehrpensa.

Erste oder unterste Klasse der Lateinschule.

1) Religion a. für die **Protestanten** 2 St.: Biblische Geschichte des alten Testaments bis auf Josua nach dem Lehrbuch von Buchrucker. 2. Auswendiglernen der 3 ersten Hauptstücke im kleinen Katechismus, der zum 1. Hauptstück gehörenden Sprüche, sowie einer Anzahl von Gesangbuchliedern. 3. Katechese über das 1. Hauptstück und Erklärung der auswendig gelernten Sprüche und Gesangbuchlieder. W i s b a c h e r.

b. für die **Katholiken** 2 St.: 1. Erklärung des II. Hauptstücks nach dem großen Katechismus. 2. Biblische Geschichte des alten Testaments bis Josua. L ä m m e r m e y e r.

c. für die **Israeliten** 2 St.: Biblische Geschichte von Josua bis zur Auflösung des Reiches Juda nach der Schulbibel von Popper; Glaubenslehre nach dem Katechismus von Herxheimer; Lektüre aus dem 2. Buche Mosis im Urtexte Kap. 1—6; Anfangsgründe der hebräischen Grammatik. Dr. G r o ß.

2) Lateinisch 7 St.: Die Deklination der Substantiva und Adjektiva; die Konjugation des Verbums sum und seiner Komposita, sowie der regelmäßigen Verba der A=Konjugation; Komparation der Adjektiva; Kardinal= und Ordinalzahlen; Präpositionen; Pronomina (personalia, possessiva, demonstrativa); Übungen im Übersetzen nach Biedermanns Elementarbuch; die in demselben enthaltenen Vokabeln auswendig gelernt; Schul= und Hausaufgaben; Extemporalien. K e p p e l.

3) Deutsch 6 St.: Deklination und Konjugation; Präpositionen; die Teile des einfachen Satzes nach Götzingers Anfangsgründen der deutschen Sprache; orthographische Übungen; Lesen und mündliches Nacherzählen von Stücken aus Hopfs deutschem Lesebuch 1. Teil;

Vortrag gelernter Gedichte; schriftliche Nacherzählungen; Schul- und Hausaufgaben. Keppel.

4) **Arithmetik** 3 St.: Die vier Grundrechnungsarten mit unbenannten und benannten Zahlen; Klammerrechnungen; Wert-, Längen-, Flächen-, Körper-, Gewichts- und Zeitmaße; Maßumrechnung; Textaufgaben; Übungen im Kopfrechnen; Schul- und Hausaufgaben. Für den Unterricht benützt: Lehrbuch und Aufgabensammlung von Knieß und Bachmann 1. Teil. Dr. Herting.

5) **Geographie** 2 St.: Geographie von Bayern; Erdgestalt und Erdoberfläche; Übersicht von Europa (nach Arendts); Schulaufgaben. Hader.

6) **Kalligraphie** 3 St.: Deutsche und lateinische Schrift. G. Söldner.

7) **Turnen** 2 St.: Genaue Beobachtung der Körperhaltung im Stand und im Gehen; regelrechter Schritt; die einfachsten Frei- und Stabübungen; Einübung der Richtung und Deckung im allgemeinen und bei den Reihungen und Wendungen im besonderen; die Elemente des Sprungs; einfachste Übungen an den Hang- und Stemmgeräten; Spiele; Zieh- und Schiebkämpfe. Brülbeck.

8) **Gesang** 2 St.: Stufenmäßige Übungen in ein- und zweistimmigem Chorgesang unter Zugrundlegung der Chorgesangschule von Schletterer; ein- und zweistimmige Volkslieder und Choräle. Schallenmüller.

Zweite Klasse der Lateinschule.

1) **Religion** a. für die **Protestanten** 2 St.: 1. Biblische Geschichte des alten Testamentes von der Richterzeit bis zur Rückkehr aus dem Exil nach dem Lehrbuch von Buchrucker. Wiederholung des Pensums aus der biblischen Geschichte für die 1. Lateinklasse. 2. Katechese über den 1. und 2. Glaubensartikel. Die einschlägigen biblischen Beweisstellen im Katechismus wurden memoriert und erklärt. Wiederholung des katechetischen Pensums vom vorigen Jahre. 3. Auswendiglernen des 4. und 5. Katechismus-Hauptstückes und Wiederholung der in der 1. Klasse gelernten Hauptstücke. Gesangbuchlieder teils wiederholt, teils neu gelernt und erklärt. Wisbacher.

b. für die **Katholiken** 2 St.: wie in der 1. Klasse der Lateinschule.

c. für die **Israeliten** 2 St.: wie in der 1. Klasse der Lateinschule.

2) **Lateinisch** 10 St.: Die ganze Formenlehre nach der Grammatik von Ellendt-Seyffert und die einfacheren syntaktischen Regeln (acc. c. inf., ut, part. coni. und absol.); Übungen im Übersetzen nach Biedermanns Übungsbuch. Gelesen: ausgewählte Stücke aus Jakobs Lesebuch. Schul- und Hausaufgaben. Dr. M a i s e l.

3) **Deutsch** 3 St.: Der erweiterte einfache Satz und leichte zusammengesetzte Sätze; Konjunktionen; Interpunktion; orthographische Übungen; Lesen und mündliches Nacherzählen von Stücken aus Hopfs deutschem Lesebuch 2. Teil; Vortrag gelernter Gedichte. Schul- und Hausaufgaben. Dr. M a i s e l.

4) **Arithmetik** 3 St.: Teilbarkeit der Zahlen; Primzahlen; Zerlegung der Zahlen in ihre Primfaktoren; Bestimmung des größten gemeinschaftlichen Maßes und des kleinsten gemeinschaftlichen Vielfachen für 2 und mehr Zahlen; Lehre von den gemeinen Brüchen; Klammerrechnungen; Maßumrechnungen und Textaufgaben mit Brüchen. Für den Unterricht benützt: Lehrbuch und Aufgabensammlung von Knieß und Bachmann 1. Teil. Kopfrechnen; Schul- und Hausaufgaben. Dr. H e r t i n g.

5) **Geographie** 2 St.: Das deutsche Reich, die österreichisch-ungarische Monarchie und die Schweiz nach dem Leitfaden von Pütz. H a c k e r.

6) **Kalligraphie** 3 St.: Deutsche und lateinische Schrift. G. S ö l d n e r.

7) **Turnen** 3 St.: Das Lehrprogramm der 1. Lateinklasse wiederholt; leichtere zusammengesetzte Frei- und Stabübungen; die Elemente des Schwenkens; Dauerlauf; Steigerung des Hoch- und Weitsprungs nach Vorschrift; Fortsetzung der zur Stärkung der Hang- und Stemmkraft vorgeschriebenen Übungen an Leiter, Reck, Stangen und Stemmbalken; Lauf- und Ballspiele. B r ü l b e c k.

8) **Gesang** 2 St. für Sopran und Alt, 1 St. für gemischten Chor: Volkslieder und schwierigere Tonsätze für zwei-, dreistimmigen und gemischten Chor. S c h a l l e n m ü l l e r.

Dritte Klasse der Lateinschule.

1) **Religion** a. für die Protestanten 2 St.: 1. Biblische Geschichte des neuen Testaments bis zur Leidensgeschichte nach dem Lehrbuch von Buchrucker. Die Bergpredigt und die Gleichnisse Jesu wurden besonders eingehend behandelt. Wiederholung des Pensums

aus der biblischen Geschichte für die 2. Klasse. 2. Katechese über den 3. Glaubensartikel und über das 3. Hauptstück des kleinen Katechismus. 3. Die zum katechetischen Stoff gehörenden Sprüche des Katechismus wurden auswendig gelernt und erklärt. Wiederholung der bereits in den unteren zwei Lateinklassen gelernten Katechismus-Hauptstücke und Auswendiglernen des 5. und 6. Hauptstückes. Gesangbuchlieder teils wiederholt, teils neu gelernt und erklärt. Wisbacher.

b. für die Katholiken 2 St.: wie in der 1. Klasse der Lateinschule.

c. für die Israeliten 2 St.: Biblische Geschichte von der Auflösung des Reiches Juda bis zur Zerstörung des zweiten Tempels nach der Schulbibel von Popper; Bibelkunde mit besonderer Berücksichtigung der Propheten nach Popper; die Sittenlehre nach dem Lehrbuch von Herxheimer; Lektüre aus dem 5. Buche Mosis im Urtexte Kap. 8—14; hebräische Grammatik. Dr. Groß.

2) **Lateinisch** 10 St.: Wiederholung der ganzen Formenlehre; die ganze Kasuslehre und die einfacheren syntaktischen Regeln nach der Grammatik von Ellendt-Seyffert. Übungen im Übersetzen nach Warschauer-Dietrichs Übungsbuch I; im 2. Bändchen des lateinischen Elementarbuchs von Jakobs Abschnitt A bis C (Regnum Assyriorum bis Res Atheniensium) und Abschnitt E (Macedonum imperium) mit Auswahl gelesen; Mustersätze auswendig gelernt; Schul- und Hausaufgaben. Geyer und Wolff.

3) **Deutsch** 3 St.: Wiederholung der Lehre von den Konjunktionen, der Interpunktion und der Satzlehre; Zergliederung einfacher Perioden; orthographische Übungen mit besonderer Berücksichtigung der Fremdwörter; Lesen und Nacherzählen von Stücken aus Masius' deutschem Lesebuch; Vortrag gelernter Gedichte; Schul- und Hausaufgaben. Geyer und Wolff.

4) **Arithmetik** 3 St.: Dezimalbrüche; Verwandlung gemeiner Brüche in Dezimalbrüche und umgekehrt; die vier Operationen mit Dezimalbrüchen; Klammerrechnungen; abgekürztes Rechnen mit Dezimalbrüchen; Maßumrechnungen; einfache und zusammengesetzte Schlußrechnungen; Zins-, Rabatt- und Diskontberechnung. Für den Unterricht benützt: Lehrbuch und Aufgabensammlung von Knieß und Bachmann I. und II. Teil; Kopfrechnen; Schul- und Hausaufgaben. Dr. Herting.

5) **Geschichte** 2 St.: Die Sagen des klassischen Altertums; elementarer Kurs der alten Geschichte bis Augustus nach Jägers Hilfsbuch. Geyer und Wolff.

6) **Geographie** 2 St.: Europa mit Ausnahme des Pensums der vorigen Klasse nach dem Leitfaden von Pütz; Zeichnen von Karten. Mußgnug und Wolff.

7) **Kalligraphie** 2 St.: Deutsche und lateinische Schrift; Kartenschrift; im Sommersemester Einübung der griechischen Schrift. G. Sölbner und Wolff.

8) **Turnen** 2 St.: Verlängerung der Dauer im Schritt; Schnellgang und Laufschwenkungen in Verbindung mit Reihungen; Hoch- und Weitsprung in entsprechender Steigerung; Stabübungen in Verbindung mit Freiübungen verschiedener Art; Beginn der Vorübungen zu den Aufschwüngen am Reck, des Wanderkletterns und der einfachsten Übungen am Barren; Lauf- und Ballspiele; Schwebe-, Zieh- und Schiebekämpfe. Brülbeck.

9) **Zeichnen** 2 St.: Übungen im Zeichnen gerader Linien und daraus gebildeter geometrischer Figuren; Zeichnen von Körpern mit ebenen Flächen unter Erläuterung der einfachsten perspektivischen Erscheinungen. Wittmann.

10) **Gesang** wie in der 2. Klasse der Lateinschule.

Vierte Klasse der Lateinschule.

1) **Religion** a. für die Protestanten 2 St.: 1. Biblische Geschichte des neuen Testaments 2. Hälfte nach dem Lehrbuch von Buchrucker, verbunden mit der Lektüre der Apostelgeschichte. 2. Wiederholung der bereits in den drei unteren Lateinklassen auswendig gelernten sechs Katechismus-Hauptstücke; eine Anzahl von Gesangbuchliedern teils wiederholt, teils neu gelernt und erklärt. 3. Katechese über die drei letzten Katechismus-Hauptstücke; die hiezu gehörenden biblischen Beweisstellen im Katechismus auswendig gelernt und erklärt. 4. Bibelkunde: Einleitende Abschnitte derselben. Wisbacher.

b. für die Katholiken 2 St.: wie in der 1. Klasse der Lateinschule.

c. für die Israeliten 2 St.: wie in der 3. Klasse der Lateinschule.

2) **Lateinisch** 8 St.: Wiederholung der Kasuslehre; die gesamte übrige Syntax ohne die schwierigsten syntaktischen Konstruktionen nach der Grammatik von Ellendt-Seyffert; Übungen im Übersetzen nach Warschauer-Dietrichs Übungsbuch, 2. Teil; gelesen Corn. Nep. I—VIII. XV—XVII; Schul- und Hausaufgaben. Köberlin.

3) **Griechisch** 6 St.: Die Formenlehre bis zu den Verbis auf μι nach der Grammatik von Koch; Übungen im Übersetzen nach dem Elementarbuch von Wesener, 1. Teil; Schul- und Hausaufgaben. Köberlin.

4) **Deutsch** 2 St.: Wiederholung der Formenlehre und Satzlehre; Belehrung über Synonyma; Aufsatzübungen; Lesen von Stücken in Hopfs deutschem Lesebuch 3. Teil; Vortrag gelernter Gedichte; Schul- und Hausaufgaben. Köberlin.

5) **Arithmetik** 2 St.: Repetition des Pensums der vorhergehenden Klassen; Proportionen und ihre Anwendung auf Maßumrechnungen, Prozent-, Zins-, Rabatt-, Diskont-, Teilungs- und Mischungsrechnung, Terminberechnung. Für den Unterricht benützt: die Aufgabensammlung von Steck und Bielmayr. Kopfrechnen; Schul- und Hausaufgaben. Dr. Herting.

6) **Geschichte** 2 St.: Geschichte der römischen Kaiserzeit; deutsche Geschichte von der Völkerwanderung bis zur Reformation, mit besonderer Berücksichtigung der bayerischen Geschichte, nach dem Lehrbuch der allgemeinen Geschichte von Beck. Köberlin.

7) **Geographie** 2 St.: Die außereuropäischen Erdteile und allgemeine Erdkunde nach dem Leitfaden von Pütz. Hacker.

8) **Kalligraphie** 1 St.: Deutsche, lateinische und griechische Schrift; Kartenschrift. G. Söldner.

9) **Turnen** 2 St.: Bei den Freiübungen gleichzeitige Thätigkeit der Gliedmaßen; die Stabübungen vermehrt und gesteigert durch schwierigere Beiordnungen; Dauer- und Schnellauf; an Leitern und Stangen ausgiebige Mehrung der Hangdauer; gesteigerte Sprungarten; am Reck Knie- und Knieachselaufschwung; am Barren Aufsitze und Aufschwünge; am Bock einfacher Übersprung; Verbindungen von Reihungen, Schwenkungen und Drehungen auch unter Stabbelastung; Lauf- und Ballspiele; Schwebe-, Zieh-, Schiebekämpfe; Hölzerkampf. Brülbeck.

10) **Zeichnen** 2 St.: Übungen im Zeichnen einfacher aus geraden und krummen Linien gebildeter Ornamente; einfache antike Flachornamente; vielfach Ausführung in Farbe. Im Sommersemester wöchentlich 1 Stunde Linearzeichnen. Wittmann.

11) **Gesang** 2 St.: wie in der 2. Klasse der Lateinschule.

Fünfte oder oberste Klasse der Lateinschule.

1) Religion a. für die **Protestanten** 2 St.: Bibelkunde des alten Testaments verbunden mit Bibellesen; Wiederholung des kleinen Katechismus Luthers; Psalmen, Sprüche, Lieder teils wiederholt, teils neu gelernt. Boedh.

        b. für die **Katholiken** 2 St.: wie in der 1. Klasse der Lateinschule.

        c. für die **Israeliten** 2 St.: wie in der 3. Klasse der Lateinschule.

2) Lateinisch 8 St.: Caes. de bello Gall. III — V; Stücke aus Ovid und Phaedrus nach Englmanns Anthologie; Wiederholung der gesamten Syntax, vorzugsweise festere Begründung der Moduslehre nach der Grammatik von Ellendt-Seyffert; Stilübungen nach Süpfles Übungsbuch 2. Teil; die Lehre von der Prosodie und Metrik behandelt und lat. Verse auswendig gelernt; Schul- und Hausaufgaben. Adam.

3) Griechisch 6 St.: Die gesamte Formenlehre des attischen Dialekts nach der Grammatik von Koch; Übungen im Übersetzen nach Halms Elementarbuch I, 2 und Halms griechischem Lesebuch; Xenoph. Anab. I, 8 u. 10. II; Schul- und Hausaufgaben. Adam.

4) Deutsch 2 St.: Satzlehre; Grundriß der Prosodie und Verslehre; Leseübungen; Vortrag gelernter Gedichte. Die schriftlichen Arbeiten umfaßten in Schul- und Hausaufgaben Beschreibungen und kleinere Aufsätze. Hacker.

5) Mathematik 4 St.: Algebra: Die vier Grundoperationen mit allgemeinen Größen; Umformung algebraischer Ausdrücke. Geometrie: Grundbegriffe; Gerade; Winkel; Lehrsätze über parallele Gerade und über das Dreieck; einiges über den Kreis; Kongruenz der Dreiecke; die speziellen Gestalten des Vierecks; geometrische Örter; die merkwürdigen Punkte im Dreieck; Konstruktionsaufgaben; Schul- und Hausaufgaben. Für den Unterricht benützt: Lehrbuch der ebenen Geometrie von Spieker. Dr. Herting.

6) Geschichte 2 St.: Deutsche Geschichte von der Reformation bis zum Wiener Kongreß mit besonderer Berücksichtigung der bayerischen Geschichte nach dem Lehrbuch der allgemeinen Geschichte von Beck. Adam.

7) Geographie 2 St.: Europa nach dem Leitfaden von Pütz. Krehbiel.

8) **Turnen** 2 St.: wie in der 4. Lateinklasse, doch bereits Felgaufschwung am muthhohen Reck und Beginn der Unterarmstützübungen am Barren. Brülbeck.

9) **Zeichnen** 2 St.: Fortsetzung des Ornamentenzeichnens nach Vorlagen und Flachornamenten mit besonderer Berücksichtigung der Antike; vielfach Ausführung in Farbe. Im Sommersemester wöchentlich 1 Stunde Linearzeichnen. Wittmann.

10) **Gesang** 2 St.: Gemischter Chor: wie in der 2. Klasse der Lateinschule. Männerchor: leichtere und schwierigere Gesänge geistlichen und weltlichen Inhalts mit und ohne Instrumentalbegleitung. Schallenmüller.

Erste oder unterste Klasse des Gymnasiums.

1) **Religion** a. für die Protestanten 2 St.: Wiederholung der Bibelkunde; alttestamentliche Heilsgeschichte bis auf Moses; Lektüre und Erklärung des Evangel. Marci. Boeckh.

b. für die Katholiken 2 St.: Das III. Hauptstück des vorgeschriebenen Lehrbuches; Lektüre und Erklärung der Bergpredigt. Lämmermeyer.

c. für die Israeliten 2 St.: Geschichte der Juden und ihrer Literatur im Mittelalter nach dem Lehrbuche „Israelitische Geschichte" von Kayserling; Lektüre des Predigers im Urtexte verbunden mit grammatischen Übungen. Dr. Groß.

2) **Lateinisch** 8 St.: Caes. de bello Gall. VII. Liv. XXII, 1—40; Verg. Aen. II, einzelne Stellen daraus auswendig gelernt; Wiederholung der Grammatik; Stilübungen nach Seyfferts Übungsbuch zum Übersetzen für Sekunda (St. XVI—XXXII); Schul- und Hausaufgaben. Dr. Helmreich.

3) **Griechisch** 6 St.: Xen. An. IV. V, 1—4; Hom. Od. IX. XIII. XIV, 1—190; homerische Formenlehre; Syntax des Artikels, der Kasus und der Präpositionen nach der Grammatik von Koch (§ 72—90); Übungen im Übersetzen nach Halms Elementarbuch II, 1; Schul- und Hausaufgaben. Dr. Helmreich.

4) **Deutsch** 2 St.: Balladen von Schiller erklärt und auswendig gelernt; Herders Cid und Goethes Hermann und Dorothea gelesen und erklärt; Elemente der Prosodie und Metrik; Dispositionsübungen;

schriftliche Ausarbeitungen in Schul- und Hausaufgaben im Anschluß an die deutsche und klassische Lektüre. Dr. Helmreich.

5) **Französisch** 2 St.: Aussprache; Artikel; Hauptwort; Eigenschaftswort; Zahlwort; persönliches und zueignendes Fürwort, Übungen im Übersetzen (schriftlich und mündlich) nach der Grammatik von Eisenmann (§ 1—31). Schul- und Hausaufgaben. Hunsicker.

6) **Mathematik** 4 St.: Algebra: Potenzen; Wurzeln; Gleichungen vom 1. Grad mit einer und mehreren Unbekannten. Geometrie: Gleichheit und Ähnlichkeit geradliniger Figuren; Konstruktions-Aufgaben; Schul- und Hausaufgaben. Schmidt.

7) **Geschichte** 2 St.: Alte Geschichte bis zu den Gracchen nach Dietsch-Richters Grundriß der allgemeinen Geschichte 1. Teil. Dr. Helmreich.

8) **Turnen** 2 St.: Militärische Strammheit in Haltung und Marsch; Frei- und Ordnungsübungen meist in Verbindung mit Stab- und Hantelübungen; Bildungen des Reihenkörpers; Straffschritt; Dauerlauf (9 Minuten); gesteigerter Sprung; an den Hänggeräten Klimmziehen und Beugehänge; am Reck die verschiedenen Aufschwünge; am Bock leichte Drehsprünge; Vorübungen am Pferd aus Seit- und Querstand; am Barren schwierige Unterarmstützübungen, Aus- und Einspreizen; Klettertau; Lauf- und Ballspiele; Zieh- und Schiebekämpfe; Ringvorübungen. Brülbeck.

9) **Hebräisch** 2 St.: Übungen im Lesen und Schreiben; Lehre von dem Ton und von den Silben; Pronomina und Präpositionen; Lehre vom Nomen; das starke Verbum ohne Suffixa nach der Grammatik von Nägelsbach und dem Regelbüchlein von Großmann. Das Pensum der Grammatik wurde nach dem Übungsbuch von Kautzsch eingeübt. Auswendiglernen von Vokabeln; 6 schriftliche Hausaufgaben. Wisbacher.

10) **Zeichnen** 2 St.: Reichere schattierte Ornamente nach Vorlagen und Modellen; Zeichnen von Gesichtsteilen. Wittmann.

11) **Stenographie** 2 St.: Wortbildungs- und Wortkürzungslehre nach dem Lehrbuch von P. Gratzmüller unter Zuhilfenahme der Lese- und Schreibübungen von Mayer und der Monatsblätter des Gabelsberger Stenographen-Vereins in Augsburg. K. Söldner.

12) **Gesang** 2 St.: wie in der 5. Klasse der Lateinschule.

Zweite Klasse des Gymnasiums.

1) **Religion** a. für die Protestanten 2 St.: alttestamentliche Heilsgeschichte 2. Hälfte; Lektüre und Erklärung des Philipperbriefes. Boeckh.

b. für die Katholiken 2 St.: wie in der I. Klasse des Gymnasiums.

2) **Lateinisch** 8 St.: Liv. XXVII; Verg. Aen. XII; kontrollierte Privatlektüre: Curt. IV; Stilübungen nach Seyfferts Übungsbuch zum Übersetzen für Sekunda; Schul- und Hausaufgaben. Baumann.

3) **Griechisch** 6 St.: Xen. Hell. I, III 1—3; Hom. Il. I, II; kontrollierte Privatlektüre: Hom. Od. I—IV; Syntax und Übungen im Übersetzen nach Halms Elementarbuch II, 2; Schul- und Hausaufgaben. Baumann.

4) **Deutsch** 2 St.: Gedichte von Schiller, Klopstock, Rückert, Uhland, Platen erklärt und auswendig gelernt; Besprechung der künstlicheren Formen der Lyrik; Dispositionsübungen; Übungen im freien Vortrage; Schul- und Hausaufgaben. Baumann.

5) **Französisch** 2 St.: Fürwort; regelmäßiges Zeitwort; Übungen im Übersetzen (schriftlich und mündlich) nach der Grammatik von Eisenmann (§ 31—47); Lektüre: Voltaire Charles XII, I. II z. T. und ausgewählte Stücke aus Lübekings Lesebuch übersetzt; Schul- und Hausaufgaben. Hunsicker.

6) **Mathematik** 4 St.: Algebra: Allgemeine Potenzen; unbestimmte Gleichungen; Gleichungen vom 2. Grad mit einer und mehreren Unbekannten; Logarithmen. Geometrie: Kreis; die ein- und umgeschriebenen regulären Polygone; Konstruktionsaufgaben. Stereometrie: Gerade; Ebene; Dreikant; Vielkant; reguläre Polyeder. Schul- und Hausaufgaben. Schmidt.

7) **Geschichte** 2 St.: Allgemeine Geschichte vom Auftreten der Gracchen bis zum Untergang der Hohenstaufen mit besonderer Berücksichtigung der bayerischen Geschichte nach Dietsch-Richters Grundriß 1. und 2. Teil und Pregers Abriß der bayerischen Geschichte. Adam.

8) **Turnen** 2 St.: Schwierige Ordnungsübungen im Reihenkörper; Sammelübungen; Verlängerung der Zeitdauer beim Strafschritt und Lauf; am Reck, Barren, Pferd und Bock zu den bisherigen Übungen noch Barrieresprünge, Barrensprünge, Wende- und Kehraufsitze, Drehsprünge; am Tau verschiedene Kletterschlüsse; entsprechende Steigerung beim Hoch- und Weitsprung; Lauf- und Ballspiele (Fuß- und Grenzball); Ziehkämpfe; Ringvorübungen. Brülbeck.

9) **Hebräisch** 1 St.: Wiederholung des vorjährigen Pensums der Formenlehre; das starke Verbum mit Suffixen, die Verba mit Gutturalen, Zahlwörter nach der Grammatik von Nägelsbach gelernt und nach dem Übungsbuch von Kautzsch eingeübt. Etliche zusammenhängende Lesestücke in letzterem Buche gelesen und erklärt. Auswendiglernen von Vokabeln; 6 schriftliche Hausaufgaben. Wisbacher.

10) **Englisch** 2 St.: Aussprache; Adjektiv; Substantiv; Pronomen; Zahlwort; regelmäßiges Zeitwort; Übungen im Übersetzen nach der Grammatik von Deutschbein (Lektion 1 bis 36); Lektüre: Abschnitte aus William I by Boyle; Hausaufgaben. Hunsicker.

11) **Zeichnen** 2 St.: Zeichnen von Gesichtsteilen und Köpfen nach leicht ausgeführten Vorlagen; Zeichnen von Landschaften. Wittmann.

12) **Stenographie** 1 St.: Lehre von der Satzkürzung nach dem Lehrbuche von P. Gratzmüller. Diktieren von Sätzen und Abschnitten aus deutschen Klassikern, zuletzt kurzen Reden. Zu Leseübungen wurden die Monatsblätter des Gabelsberger Stenographenvereins in Augsburg benützt. K. Söldner.

13) **Gesang** 2 St.: wie in der 5. Klasse der Lateinschule.

Dritte Klasse des Gymnasiums.

1) **Religion** a. für die Protestanten 2 St.: Glaubenslehre 1. Teil (Religion, Glaube, Offenbarung, heil. Schrift, Lehre von Gott); Lektüre der einschlägigen Artikel der Augustana. Boeckh.
b. für die Katholiken 2 St.: wie in der I. Klasse des Gymnasiums.

2) **Lateinisch** 7 St.: Cic. in Verr. IV. Hor. carm. mit Auswahl, zum Teil auswendig gelernt. Mezger. Kontrollierte Privatlektüre: Liv. XXIX und XXX. Geyer. Stilübungen nach K. L. Fr. Mezgers Übungsbuch; Schul- und Hausaufgaben. Mezger.

3) **Griechisch** 6 St.: Lysias in Eratosth. und Agorat.; Soph. Elektra. Mezger. Kontrollierte Privatlektüre: Hom. Il. I. VI. VII. XXIII. XXIV. Geyer. Stilübungen nach Frankes Übungsbuch; Schul- und Hausaufgaben. Mezger.

4) **Deutsch** 3 St.: Der größte Teil des Nibelungenliedes in der Ursprache gelesen. Literaturgeschichte nach dem Lehrbuch von Pütz bis zum Zeitalter der Reformation unter Mitteilung von ausgewählten Musterbeispielen. Geyer. Schillers Braut von Messina und Maria

Stuart gelesen und erklärt; Übungen im freien Vortrag; Schul- und Hausaufgaben. Mezger.

5) **Französisch** 2 St.: Unpersönliches Zeitwort; unregelmäßige Zeitwörter; Umstandswort u. s. w.; Syntax (Subjekt, Prädikat, Artikel); Übungen im Übersetzen (schriftlich und mündlich) nach der Grammatik von Eisenmann (§. 47—63); Lektüre: Voltaire Charles douze I und II; Schul- und Hausaufgaben. Hunsicker.

6) **Mathematik** 4 St.: Algebra: Arithmetische und geometrische Reihen; Zinseszins- und Rentenrechnung; Kombinationslehre mit dem binomischen Lehrsatze und den einfachsten Anwendungen. Stereometrie: Polyeder, Prisma, Pyramide, Cylinder, Kegel, Kugel. Ebene Trigonometrie und die Grundgleichungen der sphärischen Physik: Allgemeine Eigenschaften der Körper; Elemente der Statik und ihre Anwendung auf Hebel, Welle, Rolle, schiefe Ebene, Keil und Schraube; Barometer; Thermometer; Schul- und Hausaufgaben. Schmidt.

7) **Geschichte** 3 St.: Allgemeine Geschichte vom Untergang der Hohenstaufen bis zum westfälischen Frieden mit besonderer Berücksichtigung der bayerischen Geschichte nach Dietsch-Richters Grundriß 2. und 3. Teil und Pregers Abriß der bayerischen Geschichte. Mezger.

8) **Turnen** 2 St.: Höchste Anforderung an Haltung und Schritt; höchste zulässige Steigerung beim Dauer- und Schnellauf, sowie beim Sprung; Übungen im Reihenkörpergefüge in Verbindung mit Sammelübungen; die schwierigsten Übungsarten an den Hänggeräten; am Barren, Reck, Pferd und Bock bei entsprechender Höherstellung der Geräte die erschwerten Übungsarten; Lauf- und Ballspiele; Kampfübungen. Brülbeck.

9) **Hebräisch** 2 St.: Repetition der Formenlehre nach Nägelsbachs Grammatik und dem Regelbüchlein von Großmann; Übersetzungen aus dem Deutschen ins Hebräische als Hausaufgaben; Lektüre: Abschnitte aus I. Samuelis. Köberlin.

10) **Englisch** 2 St.: Pronomina; regelmäßige und unregelmäßige Zeitwörter; Übungen im Übersetzen nach der Grammatik von Deutschbein (Lektion 37—57); Lektüre: Shakespeare: Richard III, Act I und Hausaufgaben. Hunsicker.

11) **Zeichnen** 2 St.: Zeichnen von Körperteilen und Figuren, sowie von antiken Büsten; Ausführung in Kreide und Kohle; Zeichnen und Aquarellieren von Landschaften. Wittmann.

12) **Stenographie** 1 St.: Schnellschriftliche Übungen bis zu 170 Silben in der Minute; zur Ausbildung in der Satzkürzung wurde das Lehrbuch von Zeplichal, als Lesestoff wurden die Monatsblätter des Gabelsberger Stenographenvereins in Augsburg benützt. K. Söldner.

13) **Gesang** 2 St.: wie in der 5. Klasse der Lateinschule.

Vierte oder oberste Klasse des Gymnasiums.

1) **Religion** a. für die Protestanten 2 St.: Glaubenslehre 2. Teil; Lektüre der einschlägigen Art. der Augustana. Boeckh.
b. für die Katholiken 2. St.: Die Einleitung zur Glaubenslehre; Repetition des 1., 2., 3. und 9. Artikels nach dem vorgeschriebenen Lehrbuche. Lämmermeyer.

2) **Lateinisch** 7 St.: Hor. Sat. I. 1. 3. 4. 9. Epist. I. 2. 7. 16. 17. 20. Fries. Cic. de orat. ausgewählte Partieen. Tac. Ann. II. 27 bis z. Ende. Fries und Dr. Bauer. Sall. Cat. und Liv. XXII—XXIII als Privatlektüre; Stilübungen nach Nägelsbachs Übungen des lat. Stils 3. Heft; Diktate; Schul- und Hausaufgaben. Dr. Bauer.

3) **Griechisch** 6 St.: Soph. Oed. rex. Fries. Plat. Apol. und Crit.; Dem. Ol. I—III; Hom. Il. XIV—XIX; Stilübungen nach Frankes Übungsbuch; Diktate; Schul- und Hausaufgaben. Dr. Bauer.

4) **Deutsch** 3 St.: Philosophische Propädeutik nach Rumpels Lehrbuch. Literaturgeschichte nach dem Lehrbuch von Pütz: „Übersicht der Geschichte der deutschen Literatur" unter Mitteilung von ausgewählten Musterbeispielen. Goethes Iphigenie und Torquato Tasso gelesen und erklärt; Privatlektüre der Schüler (Schillers Geschichte des dreißigjährigen Kriegs, Wallenstein; Goethes Egmont; Shakespeares Julius Cäsar und Coriolan, H. v. Kleists Prinz von Homburg) kontrolliert durch schriftliche Ausarbeitungen und daran geknüpfte mündliche Erörterungen; Disponierübungen. Dr. Bauer. Übungen im Fertigen von Aufsätzen und im freien Vortrag; Schulaufgaben. Fries und Dr. Bauer.

5) **Französisch** 2 St.: Artikel; Adjektiv; Substantiv; Präpositionen; Verneinung; Zeiten; Modi; Übungen im Übersetzen (schriftlich und mündlich) nach der Grammatik von Eisenmann (§ 63 bis zum Schluß) und nach dem Übungsbuch von Plötz; Diktate; Schul- und

Hausaufgaben. Lektüre: Aus dem Manuel de Littérature française von **Plötz**: Introduction, Montesquieu, Lesage, Lamartine. Hunsicker.

6) **Mathematik und Physik** 4 St.: Übungen aus dem gesamten Gebiet des mathematischen Unterrichts, Ergänzungen und Repetitionen. Physik: Gleichförmige, gleichförmig beschleunigte und gleichförmig verzögerte Bewegung, Fallgesetze, Bewegung in krummer Linie, Bahn geworfener Körper; einfaches Pendel. Mathematische Geographie. Schul- und Hausaufgaben aus allen diesen Gebieten. Schmidt.

7) **Geschichte** 3 St.: Allgemeine Geschichte vom westfälischen Frieden an bis auf die Gegenwart nach Dietsch-Richters Grundriß 3. Teil; bayerische Geschichte nach Pregers Abriß; Repetition der Hauptdata der Weltgeschichte und der bayerischen Geschichte bis 1648. Dr. Maisel.

8) **Turnen** 2 St.: Hier wurde bei Haltung, Richtung, Marsch-, Ordnungs- und Sammelübungen, Rücksicht auf den Wehrdienst genommen. Höchst zulässige Dauer beim Straffschritt und Lauf; möglichste Ausbeutung der Sprungkraft bei Hoch- und Weitsprung; Tiefsprung; Mutsprünge über Pferd und Bock neben den sonstigen vorgeschriebenen Übungen; am Barren neben den schwierigsten Beugestützübungen Voltigieren; am Reck Aufschwünge aus dem Hange; Flanke und Wende aus Stand und Stütz; Gerwurf; Steinstoßen; Stemmen; Spiele; Ringkampf. Brülbeck.

9) **Hebräisch** 2 St.: wie in der III. Klasse des Gymnasiums.

10) **Englisch** 1 St.: Im Wintersemester Lektüre ausgewählter Skizzen aus W. Irving Sketchbook; mit einigen Schülern: Shakespeare, Richard III. Hunsicker.

11) **Zeichnen** 2 St.: wie in der III. Klasse des Gymnasiums.

12) **Gesang** 2 St.: wie in der 5. Klasse der Lateinschule.

III.

Schüler.

Erste oder unterste Klasse der Lateinschule.

Nro.	Namen der Schüler.	Zeit der Geburt.	Ort der Geburt.	Stand und Wohnort der Eltern.
1	Bachmann, Valentin	14. Aug. 1879	Rudelstetten	früher Schullehrer in Nürnberg
2	Ball, Felix	29. Juni 1879	Augsburg	K. Premierlieutenant
3	Bauer, Fritz, Isr.	23. Okt. 1879	Augsburg	Banquier
4	Bergmann, Hermann, k. K.	3. April 1879	München	Telegraphentechniker in Augsburg
5	Biéchy, Adolf	9. Jan. 1880	Höchstadt a. A.	K. Rentbeamte in Friedberg
6	Bock, Friedrich	25. März 1879	München	Fabrikdirektor in Gerolzgrün
7	Böhme, Guido, k. K.	30. März 1878	Kaisheim	K. Landgerichtssekr. a. D. in Augsburg
8	Bracher, Ludwig	4. Nov. 1878	Eugenheim	Färber
9	Braun, Theodor	19. März 1880	Augsburg	K. Reallehrer
10	Buschor, Traugott, Irving.	7. Jan. 1880	Hürben	Vorstand der apostol. Gemeinde
11	Ditt, Wilhelm	5. Aug. 1879	Regensburg	Telegraphenmechaniker in Augsburg
12	Eberhard, Ludwig	22. Juli 1879	Augsburg	Fabrikdirektor
13	Falco, Theodor	4. Jan. 1879	Reiten (bei Marquartstein)	Forstmeister in Biburg
14	Fick, Wilhelm	13. Nov. 1879	Augsburg	Lithograf
15	Frieß, Ernst	22. Sept. 1879	Augsburg	K. Forstmeister in Thierhaupten
16	Grieninger, Hermann	20. Aug. 1879	Filnsbronn	K. Pfarrer in Kornburg
17	Hein, Georg, k. K.	10. April 1878	Augsburg	Gerichtsvollzieh. a. D.

Nro.	Namen der Schüler.	Zeit der Geburt.	Ort der Geburt.	Stand und Wohnort der Eltern.
18	Herzer, Hermann	14. Dez. 1877	Augsburg	Chololade- und Bonbonsfabrik
19	Hirsch, Walther, Isr.	1. Jan. 1880	Augsburg	Banquier
20	von Hößlin, Theodor	28. Dez. 1879	Augsburg	Kaufmann
21	Hörting, Alexander	6. Sept. 1879	Mühlhausen i. Th.	Musiker in Augsburg
22	Hofmann, Alfred	29. Aug. 1879	Dyhernfurth	Bürgermeister in Deichhaupten
23	Hofmann, Georg	9. Febr. 1880	Neuburg a. D.	K. Staatsanwalt in Augsburg
24	v. Imhoff, Max	18. Jan. 1880	Augsburg	Fabrikdirektor
25	Kempter, Wilhelm	10. Okt. 1878	Augsburg	Zimmermeister
26	Kurz, Jakob	29. April 1879	Augsburg	Maler
27	Landauer, Paul, Isr.	16. Mai 1879	Augsburg	Fabrikbesitzer
28	Lampart, Theodor	21. April 1879	Augsburg	Buchhändler
29	Lauermann, Friedr.	13. Jan. 1878	Augsburg	Schäffler
30	Leyser, Karl	6. Febr. 1879	Augsburg	Brauerschuldirektor
31	Lichtenberg, Ernst, k. K.	7. Sept. 1879	Augsburg	Kaiserl. Bankdirektor
32	Ludwig, Sixtus, k. K.	21. Febr. 1879	Augsburg	K. Landgerichtssekret.
33	Lutz, Theodor	24. Dez. 1878	Augsburg	Kaufmann
34	Mack, Ludwig	19. Okt. 1879	Augsburg	Fabrikant
35	Mayer, Gottfried	21. Aug. 1879	Augsburg	Privatier
36	Meyer, Ernst	21. Dez. 1879	Augsburg	Prokurist
37	Meyer, Hugo	19. Jan. 1878	Haunstetten	Kaufmann
38	Miehlich, Gustav	12. März 1879	Augsburg	Kesselschmiedmeister
39	Müller, Hermann, k. K.	25. Nov. 1879	Ingolstadt	K. Major in Augsb.
40	Oßwald, Christian	28. Dez. 1877	Augsburg	Bäcker
41	Rommel, Georg	4. Jan. 1878	Burtenbach	Sattlermeister
42	Rösch, Paul	21. Dez. 1878	Augsburg	städt. Kassier
43	Rügg, Hans	1. Aug. 1879	Pfersee	Fabrikobermeister
44	Ruttmann, Wilhelm	5. Nov. 1877	Augsburg	Privatier
45	Rügemer, Hans	1. Dez. 1879	Göggingen	Korrespondent †
46	Schrag, Emanuel	24. Dez. 1879	Augsburg	Monteur †
47	Schmid, Karl	21. Febr. 1880	Löpfingen	K. Pfarrer
48	Schmidt, Karl, k. K.	14. Jan. 1879	Ansbach	Stabsveterinär in Augsburg
49	v. Schwind, Wolfgang	4. Juli 1879	Elnbogen (in Böhmen)	Ingenieur
50	Sonntag, Ludw., k. K.	13. Sept. 1877	Augsburg	Kassier
51	Strecker, Herm., k. K.	11. Dez. 1879	Augsburg	Oberingenieur

2*

Nro.	Namen der Schüler.	Zeit	Ort der Geburt.	Stand und Wohnort der Eltern.
52	Utz, Andreas	17. Febr. 1878	Unterpeissenberg	prakt. Arzt
53	Weikard, Karl	4. Sept. 1878	Nürnberg	K. Abt.-Ingenieur in Augsburg
54	Weiß, Hans	15. Nov. 1878	Ansbach	K. Bahnexpeditor in Augsburg
55	Winkler, Max	6. Sept. 1879	Augsburg	Kaufmann.

Ausgetreten: Albert Bein, Sigmund Gordon, Chr. Hacker, Gustav Himmer, Wilh. v. Praun und Otto Söldner.
Valentin Bachmann trat am 3. Januar 1890, Alfred Hofmann am 10. Februar 1890 und Karl Schmidt an Ostern 1890 in die Klasse ein.

Zweite Klasse der Lateinschule.

Nro.	Namen der Schüler.	Zeit	Ort der Geburt.	Stand und Wohnort der Eltern.
1	Adam, Friedrich	22. Dez. 1878	Oettingen	K. Studienlehrer in Augsburg
2	Alt, Eugen	4. Aug. 1878	Augsburg	K. Postkondukteur
3	Bach, Otto, Isr.	11. Sept. 1878	Augsburg	Kaufmann
4	Barthelmeß, Karl	27. Okt. 1878	Augsburg	Handschuhfabrikant
5	Bartsch, Johannes	1. Okt. 1877	Paramaribo, Südamerika	Missionär z. Z. in Augsburg
6	Bieber, Hartmann	28. Sept. 1876	Augsburg	Privatier †
7	Binswanger, Willy, Isr.	3. Mai 1878	Augsburg	Kaufmann
8	Buschor, Theophil, Irving.	1. Okt. 1877	Hürben	Vorstand der apostol. Gemeinde
9	Dillenius, Heinrich	7. Juli 1878	Weiler	K. Notar in Augsb.
10	Dumpert, Franz	22. Nov. 1877	Augsburg	Kaufmann
11	Eppner, Ernst	4. Jan. 1879	Augsburg	Kaufmann
12	Feßmann, Ludwig	10. Aug. 1877	Unterhausen b. Reutling.	techn. Fabrikdirektor
13	Fischer, Georg	31. Okt. 1878	Augsburg	Wirtschaftsbesitzer
14	Fischer, Walter	25. März 1878	Augsburg	K. Wechselsensal †
15	Frisch, Nikodemus	8. Dez. 1878	Augsburg	II. rechtsk. Bürgermeister

Nro.	Namen der Schüler.	Zeit der Geburt.	Ort	Stand und Wohnort der Eltern.
16	Frisch, Walter	8. Dez. 1878	Augsburg	II. rechtsk. Bürgermeister
17	Gerstner, Wilhelm	18. Juli 1878	München	K. Major in Augsb.
18	Gruber, Karl	8. Aug. 1878	Oppertshofen	Schullehrer i. Augsb.
19	Gunz, Hugo, Isr.	16. Jan. 1878	Augsburg	Bankier
20	Gunz, Josef, Isr.	16. Jan. 1878	Augsburg	Bankier
21	Hans, Wilhelm	18. Okt. 1878	Augsburg	K. Stadtpfarrer
22	Hederer, Hugo	4. Jan. 1878	Augsburg	Direktor des landw. Kreditvereins
23	Hein, Heinrich, k. K.	15. Jan. 1876	Nördlingen	K. Gerichtsvollzieher a. D. in Augsburg
24	Heinrich, Karl	5. März 1877	Penzberg	Schneidermeister
25	Heinzmann, Arthur, k. K.	5. Juli 1878	Augsburg	K. Hauptmann †
26	Himmer, Hugo, k. K.	14. Juni 1876	Augsburg	Buchdruckereibesitzer
27	v. Hößlin, Wilhelm	4. April 1878	Ebenbergen	K. Forstmeister in Bergheim
28	Hummel, Gustav	16. Juni 1877	Bayreuth	Oberpackmeister in Augsburg
29	Jansen, Franz	15. Aug. 1877	Debreczin	Gasfabrik-Direktor in Augsburg
30	Jetzt, Hermann	10. Sept. 1877	Augsburg	Kassier
31	Kahn, Anselm, Isr.	18. Jan. 1878	Augsburg	Kaufmann
32	Korhammer, Daniel	17. Aug. 1878	Augsburg	Techniker
33	Kühn, Otto	17. Nov. 1877	Augsburg	Kunstmüller
34	Kuhr, Hermann	18. Sept. 1879	Ostheim	K. Pfarrer in Wittelshofen
35	Kunstmann, Julius	8. Dez. 1878	Ingolstadt	K. Betriebsingenieur in Augsburg
36	Lembert, Julius	29. Mai 1877	Augsburg	Fabrikant
37	Lehrberger, Berthold, Isr.	15. Jan. 1878	Prien	Bankier in Augsburg
38	Mayer, Albert, Isr.	20. Okt. 1878	Hürben	Pferdehändler in Augsburg
39	Moser, Friedrich	14. Juni 1878	Ismaning	K. Forstmeister in Grönenbach
40	Oertel, August	15. Juni 1877	Hörbranz	Kaufmann in Augsb.
41	Orth, Oskar	25. Nov. 1877	Haunstetten	Buchhalter i. Augsb.
42	Pöhlmann, Otto	23. Febr. 1878	Augsburg	K. Advokat
43	Schlegel, Karl	20. März 1878	Augsburg	K. Bankoberbeamter †
44	Schmid, Friedrich	26. Febr. 1878	Augsburg	Bankier
45	Schneider, Friedrich	13. Mai 1877	Augsburg	Juwelier

Nro.	Namen der Schüler.	Zeit	Ort der Geburt.	Stand und Wohnort der Eltern.
46	Schneider, Georg	15. Mai 1877	Kissingen	Konducteur †
47	v. Schnurbein, Hans	12. Sept. 1878	Augsburg	Gutsbesitzer
48	Schön, Aloys, k. K.	24. März 1877	Burgau	Kaufmann
49	Sänger, Andreas	22. Juni 1875	Nürnberg	K. Rechnungsrat in Augsburg
50	Selzle, Heinrich	24. Mai 1877	Augsburg	Konducteur
51	Silbermann, Kurt, k. K.	31. Aug. 1878	Augsburg	Fabrikant
52	Stahlmann, Georg	14. Dez. 1877	Augsburg	Handelsschuldirektor
53	Strattner, Ludwig, k. K.	30. Dez. 1876	Augsburg	K. Kaserninspektor a. D.
54	Unckel, Hermann	13. Okt. 1878	Augsburg	Oberwerkmeister
55	Wagener, Georg	7. Nov. 1878	Schwelm, Westphalen	Fabrikant.

Ausgetreten: Walther v. Stengel.
Georg Wagener trat am 24. Oktober 1889 in die Klasse ein.

Dritte Klasse der Lateinschule.

Nro.	Namen der Schüler.	Zeit	Ort der Geburt.	Stand und Wohnort der Eltern.

Erste Abteilung.

Nro.	Namen der Schüler.	Zeit	Ort der Geburt.	Stand und Wohnort der Eltern.
1	Boeckh, Karl	9. Aug. 1877	Augsburg	Inspektor am Diakonissenhaus
2	Bürger, Eugen	10. Mai 1875	Stuttgart	K. Postsekretär †
3	Buff, Viktor	16. Nov. 1877	Augsburg	Stadtarchivar
4	Deubler, Otto	17. Sept. 1876	Aschaffenburg	Oberlehrer in Aschaffenburg
5	Dillenius, Eugen	27. Juli 1877	Weiler	K. Notar in Augsburg
6	Eppner, Karl	1. Dez. 1876	Augsburg	Kaufmann
7	Gärth, Ernst	4. Juli 1877	Achstetten	Privatier in Augsb.
8	Gressel, Fritz	6. Okt. 1877	Augsburg	Oberkonducteur
9	v. Grundherr, Eduard	3. März 1878	Würzburg	K. Garnisonsbau-Inspekt. in Augsb.
10	Hocheisen, Otto	13. Febr. 1877	Oberdischingen	Apotheker in Augsburg
11	Jamin, Ferdinand	12. Juni 1878	Augsburg	Oberst †

Nro.	Namen der Schüler.	Zeit der Geburt.	Ort der Geburt.	Stand und Wohnort der Eltern.
12	Keßler, Ernst	9. Aug. 1877	Augsburg	Oberpacker
13	Krauß, Hans	2. Sept. 1877	Augsburg	prakt. Arzt
14	Lieb, Otto	13. Okt. 1876	Augsburg	Fabrikbesitzer
15	Löhner, Otto	27. Juni 1877	Augsburg	Prokurist
16	Mäurer, Friedrich	24. Juni 1876	Augsburg	Werkmeister
17	Merz, Lothar	4. Nov. 1877	Augsburg	Privatier
18	Mottes, Walther	16. April 1877	München	prakt. Arzt
19	Neuffer, Wilhelm	21. April 1878	München	K. Regierungsrat in Augsburg
20	Rehlen, Paul	12. Sept. 1877	Augsburg	Privatier
21	v. Rogister, Ludwig	27. April 1878	Augsburg	K. Kämmerer und Oberstlieutn. a. D.
22	Schall, Gottfried	24. Juni 1878	Nürnberg	K. Inspektionskommissär in Augsb.
23	Schubert, Alfred	12. Aug. 1877	Augsburg	Fabrikant
24	Schubert, Willy	29. Juli 1877	Augsburg	Komptoirist
25	Söldner, Eduard	13. Okt. 1877	Augsburg	Schullehrer
26	Wunderlich, Fritz	6. Sept. 1876	Augsburg	Schullehrer.

Zweite Abteilung.

Nro.	Namen der Schüler.	Zeit der Geburt.	Ort der Geburt.	Stand und Wohnort der Eltern.
1	Brög, Rudolf	4. Sept. 1877	Altötting	K. Forstmeister in Eurasburg
2	Camerer, Karl	13. Dez. 1877	Speyer	K. Regierungsrat in Augsburg
3	Enders, Ludwig	15. Febr. 1877	Pfersee	prakt. Arzt
4	Fuchs, Wilhelm	18. März 1877	München	K. Hauptmann in Augsburg
5	Gallinger, Adolf, Jfr.	1. Okt. 1877	Augsburg	Kaufmann
6	Geyer, Julius	2. Juli 1876	Ancona	Generaldirektor in Augsburg
7	Giegler, Fritz	19. Nov. 1876	Dörflas	K. Betriebs-Ingen. in Augsburg
8	Gutmann, Jul., Jfr.	31. März 1877	Augsburg	Lederhändler
9	Gutmann, Otto, Jfr.	24. März 1877	Augsburg	Banquier
10	Hauser, Karl	14. Okt. 1876	Augsburg	Werkmeister †
11	Höhne, Wilhelm	20. Okt. 1877	Augsburg	Agent
12	Köderer, Karl	22. Juli 1876	Augsburg	Privatier
13	Kreß, Heinrich	21. Nov. 1877	Augsburg	K. Kreiskassakontroll.
14	Ruckdeschel, Adolf	20. April 1876	Augsburg	Kaufmann

Nro.	Namen der Schüler.	Zeit	Ort der Geburt.	Stand und Wohnort der Eltern.
15	Sand, Julius	28. Aug. 1878	Ansbach	K. Oberlandesger.-Rat in Augsburg
16	Schürer, Richard	16. Jan. 1877	Augsburg	Fabrikant
17	Seidel, Hans	4. Mai 1876	Unterrodach	Gastwirt †
18	Silbermann, Max, k. K.	19. Juli 1877	Augsburg	Fabrikant
19	Spengelin, Hugo	10. Jan. 1877	Corfu	Kaufmann
20	Spengelin, Otto	21. Jan. 1876	Lindau	Kaufmann
21	Strigel, Karl	1. März 1877	Augsburg	Fabrikbesitzer †
22	Veith, Adolf, Isr.	21. Juni 1877	Augsburg	Kaufmann
23	Wassermann, Karl, Isr.	6. Juli 1877	Ulm	Kaufmann in Augsburg.

Otto Deubler und Ferdinand Jamin traten an Ostern 1890, Walter Mottes am 16. Dezember 1889 in die Klasse ein.

Vierte Klasse der Lateinschule.

Nro.	Namen der Schüler.	Zeit	Ort der Geburt.	Stand und Wohnort der Eltern.
1	Adam, Julius	20. Juni 1877	Oettingen	K. Studienlehrer in Augsburg
2	Andreä, Adolf	5. Juni 1877	Weingarten	Mechaniker
3	Binswanger, Eugen, Isr.	25. Juli 1876	Augsburg	Kaufmann
4	Fettinger, Friedrich	3. Juni 1876	Augsburg	Bäckermeister †
5	Fischer, Hugo	20. Juli 1876	Augsburg	K. Wechselsensal †
6	Flessa, Adalbert	6. April 1876	Augsburg	K. Landger.-Direktor
7	Forster, Alfred	30. Sept. 1876	Augsburg	Privatier
8	Fraaß, Hans	25. Mai 1876	Augsburg	Schullehrer
9	Frisch, Karl	25. Juli 1875	Augsburg	II. rechtsk. Bürgermeister
10	Gallinger, Edw., Isr.	3. Aug. 1875	Augsburg	Kaufmann
11	Gombart, Otto	13. Nov. 1875	Lindau	K. Notar
12	Hans, Heinrich	28. Juni 1876	Augsburg	K. Stadtpfarrer
13	Herbst, Ferdinand	26. Juni 1875	Augsburg	Konducteur a. D.
14	Hofstätter, Johannes	15. Sept. 1875	Nördlingen	K. Pfarrer †
15	Holzer, Herm., k. K.	16. Dez. 1876	Augsburg	Kaufmann

Nro.	Namen der Schüler.	Zeit der Geburt.	Ort	Stand und Wohnort der Eltern.
16	Hübner, Hans	22. Sept. 1875	Dinkelsbühl	Ingenieur-Assistent in Wasserburg †
17	Krauß, Richard	16. Dez. 1876	Augsburg	Banquier
18	Leichtle, August, alt-kath.	14. Jan. 1876	Kempten	Architekt
19	Lichtenberg, Fritz, k. K.	5. Febr. 1877	Augsburg	Kaiserl. Bankdirektor
20	v. Lupin, Erich	2. Nov. 1875	Weiden	K. Oberlandesgerichtsrat a. D. in Augsburg
21	Maier, Wilhelm	31. Okt. 1876	Augsburg	K. Bezirksingenieur
22	Meyer, Friedrich	26. Aug. 1876	Augsburg	Schneidermeister
23	Meyer, Georg	24. Juni 1876	Augsburg	Viktualienhändler
24	v. Praun, Sigmund	16. März 1877	Augsburg	Kaufmann
25	Raphael, Ludw., Isr.	9. Jan. 1876	Ichenhausen	Schneidermeister
26	Remy, Hugo	9. April 1876	Venedig	Premierlt. a. D. auf Schroffen (Schweiz)
27	Rößle, Robert,	19. Aug. 1876	Augsburg	Fabrikdirektor
28	v. Ruef, Friedrich, k. K.	2. Juli 1876	Starnberg	K. Rentbeamter in Augsburg
29	Rüster, Albrecht	26. Dez. 1876	Augsburg	Schullehrer
30	Saller, Rudolf	19. Sept. 1876	Augsburg	K. Oberingenieur
31	Sand, Ludwig	2. März 1877	Würzburg	K. Oberlandesgerichtsrat in Augsb.
32	Schubert, Hugo	17. März 1876	Thüringen bei Bludenz	Komptoirist in Augsburg
33	Schweinle, Gottlieb	25. Juli 1875	Burtenbach	Säcklermeister
34	Strößner, Karl	13. Nov. 1875	Münchberg	Buchhalter
35	Utz, Friedrich	15. Juni 1876	Unterpeissenberg	prakt. Arzt in Augsburg
36	Walch, Ludwig	21. März 1876	Neustadt a/H.	K. Reallehrer a. D.
37	Weiß, Theodor	15. Okt. 1876	Speyer	K. Gymn.-Professor †
38	v. Welser, Ludwig	2. Nov. 1876	Ramhof	Gutsbesitzer
39	v. Welser, Markus	28. Okt. 1875	Ramhof	Gutsbesitzer

Adolf Andreä trat am 11. November 1889 in die Klasse ein.

Fünfte oder oberste Klasse der Lateinschule.

Nro.	Namen der Schüler.	Zeit	Ort der Geburt.	Stand und Wohnort der Eltern.
1	Baumann, Ernst	20. Aug. 1875	Augsburg	K. Gymn.-Professor
2	Botzenmayer, Karl	2. Febr. 1875	Steinheim	Schullehrer in Dickenreishausen
3	Fasching, Robert	26. Nov. 1872	Heidenheim	Apotheker in Günzb.
4	Fick, Karl	27. Okt. 1875	Erbendorf	K. Oberamtsrichter †
5	Forster, Moriz	9. Mai 1874	Augsburg	Privatier
6	Geißler, Karl	23. Juni 1874	München	Ober-Lithograph in Augsburg
7	Heberer, Eugen	1. März 1874	Augsburg	Direktor des landw. Kreditvereins
8	Heinzmann, Eduard, k. K.	29. Aug. 1875	Augsburg	K. Hauptmann a. D. †
9	Hocheisen, Karl	25. Sept. 1875	Oberdischingen	Apotheker in Augsb.
10	Höppl, Siegfried	15. März 1875	Siebenbrunnen	Fabrikant
11	v. Hößlin, August	25. Febr. 1873	Staufeneck	K. Forstmeister in Bergheim
12	v. Hößlin, Karl	5. Mai 1876	Ebenbergen	K. Forstmeister in Bergheim
13	Ilzhöfer, Hermann	15. Febr. 1875	Augsburg	Kaufmann und Magistratsrat
14	Kalb, Fritz	25. März 1874	Memmingen	K. Landesgerichtssekr.
15	Kirchdorfer, Karl, k. K.	4. Febr. 1875	Augsburg	Gastwirt
16	Körber, Friedrich	30. März 1874	Mönchsroth	K. Pfarrer †
17	Landauer, Mart., Isr.	8. Aug. 1874	Augsburg	Kaufmann
18	Mack, Ludwig	21. Aug. 1874	Bayreuth	Fabrikant †
19	Mustière, Alfred	26. Okt. 1875	Augsburg	Buchhalter
20	Ottmann, Friedrich	16. Juni 1874	Augsburg	Wagenfabrikant
21	Sänger, Hans	7. März 1874	Nürnberg	K. Rechnungsrat in Augsburg
22	Schallenmüller, Emil	30. Okt. 1876	Augsburg	Schullehrer
23	Schmid, Franz	10. Okt. 1875	Löpsingen	K. Pfarrer i. Mauren
24	Schneider, Karl	11. Jan. 1875	Augsburg	Juwelier
25	Spengelin, Fritz	16. Febr. 1875	Korfu	Kaufmann
26	v. Stein, Dietrich	4. Sept. 1875	Voltershausen	Rittergutsbesitzer
27	Tauscheck, Friedrich	28. Sept. 1875	Augsburg	Bettfedernhändler

Nro.	Namen der Schüler.	Zeit der Geburt.	Ort der Geburt.	Stand und Wohnort der Eltern.
28	v. Wachter, Viktor	9. Juli 1876	Memmingen	K. Landgerichtsrat in Augsburg
29	Westerich, Adolf	19. Jan. 1876	Harberg bei Uffing	Molkereidirektor in Augsburg
30	Wucherer, Rudolf	15. April 1875	Kleinweisach	K. Pfarrer in Steinach
31	Wulzinger, Hermann, k. K.	8. Juni 1875	Augsburg	prakt. u. Augenarzt †

Ausgetreten: Fritz v. Brückner, Adolf Fernsemer, Alfred Lorek, Karl Scharrer und Eduard Wolffhardt.
Karl Fick trat am 7. Oktober 1889, Dietrich v. Stein und Viktor v. Wachter gleich nach Ostern in die Klasse ein.

Erste oder unterste Klasse des Gymnasiums.

Nro.	Namen der Schüler.	Zeit der Geburt.	Ort der Geburt.	Stand und Wohnort der Eltern.
1	Bender, Ernst	28. Juni 1874	Irmelshausen	K. Pfarrer in Neudrossenfeld
2	Conrad, Friedrich	2. März 1873	Augsburg	K. Landger.-Sekr.
3	Egg, Gustav	21. Febr. 1874	Nördlingen	Kaufmann
4	Endres, Rudolf	12. Dez. 1872	Pfäfflingen	K. Pfarrer in Nördlingen
5	Geiger, Karl	10. Okt. 1874	Memmingen	Mechaniker
6	Gunz, Eugen, Isr.	15. April 1874	Augsburg	Lederhändler
7	Haug, Hermann	6. Sept. 1873	Lindau	Maurermeister †
8	Haußmann, Wilhelm	1. Nov. 1872	Nördlingen	Maschinenputzer
9	Hennch, Hans, k. K.	29. Dez. 1874	Neuhaus a. P.	K. Bezirksingenieur
10	Hingfelden, Ernst	17. Sept. 1875	Pappenheim	K. Pfarrer in Dettenheim
11	Kahn, Ludwig, Isr.	24. Okt. 1874	Augsburg	Fabrikbesitzer
12	Keim, Ludwig	17. Mai 1874	Memmingen	Privatier
13	Kunstmann, Georg	5. Juli 1874	Enzendorf	K. Betriebsingenieur in Augsburg
14	Lembert, Raimund	18. Febr. 1874	Augsburg	Privatier †
15	Löffler, Leonhard	7. Juni 1874	Staffelstein	Privatier in Goldmühle

Nro.	Namen der Schüler.	Zeit der Geburt.	Ort der Geburt.	Stand und Wohnort der Eltern.
16	Mayer, Heinrich, Isr.	11. Nov. 1873	Hürben	Pferdehändler in Augsburg
17	v. Oelhafen, Christoph	16. Dez. 1874	Ingolstadt	K. Hauptmann in Würzburg
18	Ostertag, Georg	21. Jan. 1875	Augsburg	Buchbindermeister
19	Pflaumer, Karl	24. April 1874	Weißenburg a/S.	Goldarbeiter †
20	Planck, Friedrich	18. Nov. 1872	Augsburg	Schullehrer a. D.
21	Premauer, Rudolf	28. Dez. 1873	Augsburg	K. Rechtsanwalt
22	Raschbacher, Karl	27. Aug. 1873	Augsburg	Privatier in Göggingen
23	Saur, Georg	21. März 1872	Wallerstein	Sattlermeister
24	Schneider, Heinrich	18. Dez. 1872	Brückenau	Konduktteur †
25	Strobel, Karl	12. Dez. 1873	Dornbirn	Buchhändler i. Lindau
26	Strohmayer, Wilh.	7. Aug. 1874	Memmingen	Buchbindermeister
27	Thenn, Max	11. März 1874	München	K. Güterinspektor in Augsburg
28	Wisbacher, Friedrich	2. Nov. 1874	Lindau	K. Pfarrer in Augsb.
29	Wüst, Ernst	17. März 1875	Balgheim	Bez.=Hauptlehrer in Mönchsdeggingen

Ausgetreten: Friedrich Blechschmidt, Eduard Eberts, Friedrich Oberwegner, Friedrich Stempel und Heinrich Vogt.

Ludwig Keim war fast das ganze Jahr hindurch krank.

Zweite Klasse des Gymnasiums.

Nro.	Namen der Schüler.	Zeit der Geburt.	Ort der Geburt.	Stand und Wohnort der Eltern.
1	Arnold, Otto	6. Nov. 1873	Leipheim	Briefträger in Augsb.
2	v. Aufseß, Otto	26. Jan. 1874	Oberaufseß	Rittergutsbesitzer
3	Birkner, Gustav	11. Nov. 1872	Fürth	K. Stadtgerichts= assessor †
4	Disqué, Christof	9. Aug. 1872	Gödlingen	Schneider
5	Faber, Hermann	16. Juli 1871	Neu=Ulm	K. Oberst †
6	Fraaß, Gustav	21. Okt. 1873	Solnhofen	Kaufmann in Augsb.

Nro.	Namen der Schüler.	Zeit der Geburt.	Ort der Geburt.	Stand und Wohnort der Eltern.
7	Gärth, Friedrich	16. Juni 1874	Achstetten	Privatier in Augsb.
8	Götz, Hermann	5. Jan. 1873	Waghäusl (Baden)	Kunstmühldirektor in Aichach
9	Hennch, Heinr., k. R.	20. Juni 1872	Neuhaus a. P.	K. Bezirksingenieur
10	Hermann, Albert	8. Juni 1874	Memmingen	Säcklermeister
11	Hilsenbeck, Adolf	23. Juli 1873	Kimratshofen	Gendarmeriewachtmeister in Wertingen
12	Horn, Hermann	26. Febr. 1874	Lichtenfels	Wiesenbaumeister in Staffelstein
13	Knab, August	13. März 1873	Regensburg	K. Regierungsforstassessor in Augsb.
14	Kuhr, Heinrich	20. März 1873	Herrnneuses	K. Pfarrer in Wittelshofen
15	Küspert, Hermann	31. Jan. 1875	Münchberg	Bez.-A.-Oberschr. in Weißenburg a. S.
16	Linde, Ernst	9. Dez. 1871	Rothenburg a/T.	K. Bauamtmann in Memmingen
17	v. Linprunn, Herm.	27. Sept. 1872	Weilheim	K. Oberamtsrichter in Ottobeuren
18	Mahr, Hermann	13. Mai 1873	Lindau	prakt. Arzt
19	Meyer, Hans	14. Okt. 1871	Nördlingen	Heizer
20	Müller, Julius	6. März 1873	Unterringingen	K. Pfarrer in Ammelbruch
21	Oeffner, Ferdinand	22. April 1872	Oettingen	Kaufmann in Augsb.
22	Orth, Julius	18. März 1872	Haunstetten	Buchhalter in Augsb.
23	Rathsam, Michael	7. Mai 1873	Neudorf	Ökonom †
24	Ruf, Karl	7. Jan. 1873	Nördlingen	Schullehrer
25	Schurrer, Karl	26. Aug. 1873	Nördlingen	Maurermeister
26	Sperl, Wilhelm	6. Juni 1872	Gunzenhaus.	K. Pfarrer †
27	Streng, Georg	14. Dez. 1872	Markt-Bruck	K. Pfarrer †
28	v. Thiereck, Hans	11. Juli 1873	Augsburg	K. Oberstlieutenant a. D.

Ausgetreten: Albert Köhler.
August Knab trat am 5. November 1889 in die Klasse ein.

Dritte Klasse des Gymnasiums.

Nro.	Namen der Schüler.	Zeit der Geburt.	Ort der Geburt.	Stand und Wohnort der Eltern.
1	Britzelmayr, Max, k. K.	9. Aug. 1871	Augsburg	K. Kreisschulinspektor
2	Dänner, Karl	6. Febr. 1872	Lindau	Lehrer a. d. Handels-schule in Augsburg
3	Eberdt, Ferdinand	24. Juni 1870	Emden	Chefingenieur
4	Frommel, Walther	16. Dez. 1872	Balize	Güterdirektor in Pawlosiow
5	Gerstendörfer, Hans	9. Juni 1870	Schauerheim	Oekonom †
6	Girstenbreu, Karl	26. April 1871	Augsburg	Modellschreiner
7	Grandel, Jakob	3. Nov. 1870	Bächingen	Oekonom
8	Hummel, Karl	24. Dez. 1870	Schliersee	prakt. Arzt †
9	Keim, Fritz	20. Aug. 1871	Memmingen	Kaufmann †
10	Kleinknecht, Theodor	6. Mai 1873	Egloffstein	K. Pfarrer in Rothen-burg a/T.
11	Lindheimer, Hermann	10. März 1872	Frankfurt a. M.	Lithograph
12	Lorenz, Ldw., altkath.	6. Dez. 1870	Kempten	Privatier †
13	v. d. Pforbten, Theodor	14. Mai 1873	Bayreuth	K. Oberstlandesger.-Rat in München
14	Pollitz, Wilhelm	2. Juli 1870	St. Peters-burg	K. K. österr. Vize-konsul
15	Rast, Rudolf	19. Mai 1872	Augsburg	Hausmeister
16	Reichenbach, Anton	6. Mai 1871	Augsburg	Buchhalter †
17	Rocthe, Max	19. Okt. 1872	Augsburg	K. Professor an der Industrieschule
18	Saller, Wilhelm	17. Febr. 1871	Neu-Ulm	K. Oberingenieur in Augsburg
19	Schmid, Karl	11. Sept. 1872	Memmingen	Drechslermeister †
20	Schnell, Friedr., Isr.	9. Sept 1872	Augsburg	Kaufmann †
21	Siebert, Friedrich	28. Febr. 1872	Augsburg	K. Oberstlieutenant a. D.
22	Steinbach, Ludwig	17. Dez. 1872	Augsburg	Malzfabrikant
23	Theilheimer, Norbert Isr.	30. Juni 1872	Nördlingen	Kaufmann in Augs-burg
24	Walter, Heinrich	2. Febr. 1871	Oberndorf	Gutsbesitzer in Neu-bau.

Hermann Lindheimer trat am 21. Oktober 1889 in die Klasse ein.

Vierte oder oberste Klasse des Gymnasiums.

Nro.	Namen der Schüler.	Zeit	Ort der Geburt.	Stand und Wohnort der Eltern.
1	Ast, Friedrich	25. Sept. 1872	Deggendorf	Direktor der Irrenanstalt in Schussenried
2	Benker, Hermann	17. Juni 1872	Warmensteinach	K. Pfarrer in Neudrossenfeld
3	Botzenmayer, Emil	22. Nov. 1871	Steinheim	Schullehrer in Aschach
4	Bullemer, Karl	18. Sept. 1873	Feucht	K. Pfarrer in Wettringen †
5	Burkhard, Paul	26. Febr. 1872	Augsburg	Konditor
6	Dorfmüller, Siegfr.	18. Juni 1871	Untermagfeld	K. Pfarrer
7	Drechsel, Hermann	30. Mai 1872	Sommerhausen	K. Pfarrer in Augsburg
8	Faulmüller, Paul	25. Febr. 1871	Augsburg	Kaufmann
9	Fick, Emil	24. Nov. 1871	Nürnberg	Tabakfabrikant †
10	Fürst, Ludwig	30. Dez. 1870	Gunzenhausen	Stadtmusikus in Weißenburg a/S.
11	Hermann, Georg	21. März 1872	Holzhausen	K. Pfarrer in Holzschwang
12	Herrlinger, Georg	16. Juni 1869	Leipheim	Ökonom
13	Hoffmann, Woldemar, k. K.	19. April 1871	Nürnberg	Rentier †
14	Horn, Friedrich	23. Juli 1869	Augsburg	K. Hauptmann †
15	Redenbacher, Markus	18. Febr. 1872	Gunzenhausen	K. Bez.-Arzt in Landsberg †
16	Reinwald, Thomas	29. März 1872	Aschach	K. Pfarrer in Lindau
17	Ruith, Adolf, k. K.	11. Mai 1872	Bamberg	K. Oberstlieutenant in Augsburg
18	Scheible, Johannes	24. Okt. 1869	Mönchsdeggingen	Ökonom und Krämer
19	Schlachter, Friedrich	19. Sept. 1871	Lindau	Schullehrer
20	Schmidt, Tobias	12. Dez. 1870	Wechingen	Ökonom
21	Schuff, Friedrich	15. Okt. 1871	Bayreuth	K. Amtsgerichtssekretär in Donauwörth
22	Veit, Karl	29. Aug. 1871	Augsburg	Schullehrer †
23	Welsch, Otto	14. April 1871	Duchroth	K. Pfarrer in Bischheim

IV.
Kollegium bei St. Anna.

Zahl der Zöglinge: am Beginn des Wintersemesters: 60;
am Schluß des Sommersemesters: 59.

Personalstand:

Direktor: Dr. Rudolf Schreiber, kgl. Gymnasialprofessor a. D.
Inspektoren: Heinrich Krehbiel, Lehramtskandidat.
   Ludwig Mußgnug, Lehramtskandidat.
Musiklehrer: Johann Wunderlich, Lehrer im Klavierspiel.
   Alexander Wilschauer, Lehrer im Flöten- und Klarinettspiel.
   Eugen Migale, Lehrer im Violoncellspiel.
   Robert Welcker, Lehrer im Violinspiel.

Fortl. Nummer.	Namen der Zöglinge.	Zeit des Eintritts in die Anstalt.
	Aus der Oberklasse.	
1.	Ast, Friedrich	25. Septbr. 1885.
2.	Bencker, Hermann	28. Septbr. 1886.
3.	Botzenmayer, Emil	1. Oktober 1886.
4.	Bullemer, Karl	27. Septbr. 1886.
5.	Dorfmüller, Siegfried	6. Oktober 1885.
6.	Hermann, Georg	30. Septbr. 1887.
7.	Herrlinger, Georg	1. Oktober 1885.
8.	Nebenbacher, Markus	30. Septbr. 1887.
9.	Reinwald, Thomas	28. Septbr. 1886.
10.	Schlachter, Friedrich	28. Septbr. 1886.
11.	Welsch, Otto	29. Septbr. 1886.

Fortl. Nummer.	Namen der Zöglinge.	Zeit des Eintritts in die Anstalt.
	Aus der III. Gymnasialklasse.	
12.	Frommel, Walther	29. Septbr. 1885.
13.	Gerstendörfer, Johann	28. Septbr. 1886.
14.	Girstenbreu, Karl	30. Septbr. 1885.
15.	Grandel, Jakob	2. Januar 1886.
16.	Hummel, Karl	30. Septbr. 1885.
17.	Reim, Friedrich	28. Septbr. 1886.
18.	Reichenbach, Anton	26. Septbr. 1886.
19.	Walter, Heinrich	30. Septbr. 1887.
	Aus der II. Gymnasialklasse.	
20.	Birkner, Gustav	29. Septbr. 1888.
21.	Disqué, Christoph	28. Septbr. 1889.
22.	Faber, Hermann	30. Septbr. 1887.
23.	Gärth, Friedrich	28. Septbr. 1886.
24.	Hilsenbeck, Adolf	27. Septbr. 1889.
25.	Hermann, Albert	28. Septbr. 1888.
26.	Horn, Hermann	27. März 1886.
27.	Küspert, Hermann	28. Septbr. 1888.
28.	v. Linprunn, Hermann	30. Septbr. 1888.
29.	Mahr, Hermann	28. Septbr. 1887.
30.	Meyer, Hans	27. Septbr. 1888.
31.	Rathsam, Michael	30. Septbr. 1888.
32.	Ruf, Karl	29. Septbr. 1887.
33.	Schurrer, Karl	27. Septbr. 1888.
34.	Sperl, Wilhelm	26. Septbr. 1887.
35.	Streng, Georg	26. Septbr. 1888.
	Aus der I. Gymnasialklasse.	
36.	Bender, Ernst	30. Septbr. 1888.
37.	Endres, Rudolf	27. Septbr. 1888.
38.	Geiger, Karl	26. Septbr. 1889.
39.	Haug, Hermann	27. Septbr. 1888.
40.	Hingkeldey, Ernst	25. Septbr. 1889.
41.	Loeffler, Leonhard	30. Septbr. 1889.
42.	v. Olhafen, Christoph	29. April 1889.
43.	Pflaumer, Karl	28. Septbr. 1888.
44.	Saur, Georg	29. April 1889.

Fortl. Nummer.	Namen der Zöglinge.	Zeit des Eintritts in die Anstalt.
45.	Wüst, Ernst	28. Septbr. 1889.
46.	Strobel, Karl	27. Septbr. 1889.
47.	Strohmayer, Wilhelm . . .	26. Septbr. 1889.
	Aus der 5. Lateinklasse.	
48.	Fick, Karl	10. Oktbr. 1889.
49.	Kalb, Friedrich	26. Septbr. 1889.
50.	Körber, Friedrich	28. Septbr. 1889.
51.	Mack, Ludwig	30. Septbr. 1889.
	Aus der 4. Lateinklasse.	
52.	Fettinger, Friedrich	3. März 1890.
53.	v. Lupin, Erich	1. Oktbr. 1888.
54.	v. Welser, Ludwig	1. Oktbr. 1889.
55.	v. Welser, Markus	1. Oktbr. 1889.
	Aus der 3. Lateinklasse.	
56.	Deubler, Otto	15. April 1890.
57.	Gärth, Ernst	2. Novbr. 1889.
58.	Jamin, Ferdinand	15. April 1890.
59.	Krauß, Hans	29. April 1889.

In der Musik erhielten Unterricht folgende Zöglinge:
a) Im Klavierspiel:
Bencker (IV), Grandel (III), Walter (III), Disqué (II), Gärth (II), Hilsenbeck (II), Ruf (II), Gärth (II).
b) Im Violinspiel:
Redenbacher (IV), Schlachter (IV), Hermann (II).
c) Im Violoncellspiel:
Dorfmüller (IV).
d) Im Flötenspiel:
Herrlinger (IV), Hummel (III), Keim (III), Meyer (II), Saur (I).

Zur Geschichte des Kollegiums.

An die Stelle des Lehrers im Violinspiel, Johannes Kahl, der unmittelbar, nachdem er am Ende des vorigen Schuljahrs die Feier seines 25jährigen Dienstes an der Anstalt begangen hatte, von einer plötzlich auftretenden Krankheit hingerafft worden war, wurden die Herren Robert Welcker und Eugen Migale, der eine für Violin=, der andere für Violoncellspiel, ernannt und am 14. Oktober 1889 in ihren Dienst eingeführt.

Der Bibliothek der Anstalt gingen im Laufe des Schuljahres folgende Geschenke zu:
1. Deutsche Staats= und Rechtsgeschichte von K. Fr. Eichhorn; 4. Auflage; 4 Bände; Göttingen 1836.
2. Goethes Egmont von Prof. E. Ph. Gast; Gotha bei Fr. Andr. Perthes. 1890.
3. Mittelhochdeutsches Lesebuch oder Übungen zur mittelhochdeutschen Grammatik von K. A. Hahn; Frankfurt a/M. 1847.
4. Edelsteine deutscher Dichtung und Weisheit im XIII. Jahrhundert. Ein mittelhochdeutsches Lesebuch, zusammengestellt und mit einem Wörterbuch versehen von Phil. Wackernagel; 3. Auflage. Frankfurt 1857.
5. Schillers Braut von Messina, erläutert von Heinrich Düntzer; 2. Auflage. Leipzig 1881.

Den freundlichen hier nicht genannt sein wollenden Gebern sei hiemit der wärmste Dank des Unterzeichneten für die zweckmäßigen Gaben ausgesprochen.

Mit den Zöglingen der Oberklasse nahm der Unterzeichnete seit Beginn des Jahres 1890 in wöchentlich einer Stunde stilistische Übungen in der Weise vor, daß er von den vorgelesenen und durchgesprochenen Musteraufsätzen und Reden teils schriftlich, teils mündlich kurze Berichte von den Schülern sich geben ließ.

Mit den Zöglingen der III. Gymnasialklasse las Inspektor Krehbiel: Tacitus Germania; mit denen der II. Gymnasialklasse: Herodot Buch VIII, Kap. 1—70.

Inspektor Mußgnug las mit den Schülern der I. Gymnasialklasse: Hom. Odyssee I und II; mit denen der 5. Klasse der Lateinschule veranstaltete er Repetition der latein. und griech. Grammatik in Verbindung mit Übungen im Übersetzen.

Das jährliche Abgangsgeschenk (Baron von Schnurbein'sche Stiftung) erhielt der Schüler der Oberklasse: Karl Bullemer.

Dr. A. Schreiber,
Direktor des Kollegiums bei St. Anna.

V.
Chronik.

Das Schuljahr begann am 1. Oktober 1889. Neu angemeldet waren 82 Schüler, von denen 2 zurückgewiesen werden mußten.

In der Verteilung der Ordinariate und im Lehrerpersonal kamen folgende Veränderungen vor:

Das Ordinariat der 1. Lateinklasse erhielt Gymnasialassistent August Keppel, das der 2. Studienlehrer Dr. Hans Maisel; die Stelle des Assistenten an der IV. Gymnasialklasse übernahm Studienlehrer Dr. Ludwig Bauer; die Funktion eines Hilfslehrers für die überfüllten unteren Lateinklassen, welche wegen Raummangels nicht geteilt werden konnten, wurde dem bisherigen Gymnasialassistenten Friedrich Hacker übertragen (Ministerialentschließung vom 16. Oktober 1889 Nr. 12903). Außerdem wurde Allerhöchst genehmigt, daß an der Studienanstalt zwei neue Studienlehrerstellen errichtet wurden, eine für neuere Sprachen und eine für Mathematik und Arithmetik. Die erstere erhielt (Allerhöchste Entschließung vom 3. Juni 1890 Nr. 5156) mit Beginn vom 1. Oktober d. J. der bisherige Studienlehrer für neuere Sprachen am Realgymnasium zu Würzburg Dr. Jakob Friedrich; die letztere (Allerhöchste Entschließung vom 9. Juni 1890 Nr. 4394) vom 1. Juni an beginnend der bisherige Assistent für Arithmetik und Mathematik an der Studienanstalt bei St. Anna Dr. Gottlieb Herting. Der im zeitlichen Ruhestand sich befindende Dr. Johannes Muhl wurde (Ministerialentschließung vom 18. Juni 1890 Nr. 7337) mit Rücksicht auf die Fortdauer seines leidenden Zustandes und die hiedurch herbeigeführte Dienstesunfähigkeit in bleibenden Ruhestand versetzt.

Am 14. Mai wurde ein Maifest abgehalten.

Aus der Benedikt von Paris'schen Stiftung wurde auch heuer wieder eine große Anzahl von Schülern mit Schulbüchern versehen, und ebenso wurde, wie alljährlich, in Ausführung einer besonderen Bestimmung derselben Stiftung, mit den Schülern (diesmal der ersten Lateinklasse) ein Spaziergang zur Erinnerung an den Geburtstag des Stifters unternommen. An geeigneten Tagen im Mai fanden dann auch die üblichen Spaziergänge der übrigen Klassen statt.

Das Geschenk aus der Studiengenossenstiftung wurde durch Beschluß des Lehrerrats dem Schüler der IV. Gymnasialklasse Tobias Schmidt zuerkannt.

Die 23 Schüler der Oberklasse unterzogen sich sämtlich der Gymnasialschlußprüfung. Von denselben gedenken sich dem Studium der Theologie 11, der Jurisprudenz und der Medizin je 3, der Philologie und der Mathematik je 1 zu widmen; 3 wollen sich der militärischen Laufbahn zuwenden, und 1 beabsichtigt zur Marine zu gehen.

Das Schuljahr 1890/91 wird eröffnet am 26. September l. J. An diesem Tage werden früh von 8—11 Uhr die Anmeldungen derjenigen Schüler entgegengenommen, welche sich einer Aufnahms- oder einer Übertrittsprüfung zu unterziehen haben. Die Inskription der von andern Anstalten ohne Prüfung übertretenden Schüler findet am 30. September nachmittags von 3—4 Uhr statt.

Bei der Anmeldung haben neu eintretende Schüler den Geburtsschein, den ersten (bezw. zweiten) Impfschein und alle früheren Schul- oder Studienzeugnisse vorzulegen; diejenigen unter den bisherigen Schülern aber, welchen eine Nachprüfung auferlegt worden ist, das Jahreszeugnis vom jüngst verflossenen Studienjahr.

Mittwoch den 1. Oktober früh um 8 Uhr haben sich sämtliche Schüler zur Eröffnung des Unterrichts in ihren Klaßzimmern einzufinden.

Karl Fries,
Königl. Studienrektor.

Kritische Bemerkungen

zu

Silviae Aquitanae

peregrinatio ad loca sancta.

Von

Paulus Geyer,
kgl. Studienlehrer.

Programm

zu dem

Jahresberichte der kgl. Studienanstalt bei St. Anna in Augsburg

für das Schuljahr 1889/90.

Augsburg.
Druck von Ph. J. Pfeiffer.
1890.

Im Jahr 1887 gab der Bibliothekar von Arezzo Joh. Franc. Gamurrini eine von ihm in der genannten Bibliothek entdeckte Beschreibung einer Reise ins heilige Land heraus unter dem Titel: Sanctae Silviae Aquitanae peregrinatio ad loca sancta (Biblioteca dell' accademia storico-giuridica vol. IV), welche wegen ihres hohen Alters und in sachlicher wie sprachlicher Hinsicht volle Beachtung verdient. Die interessante Schrift stammt nach den gelehrten, scharfsinnigen Erörterungen des Herausgebers in den Studi e documenti di storia e diritto anno V (1884) p. 81 ff. und VI (1885) p. 145 ff. aus dem letzten Viertel des 4. Jahrhunderts nach Chr. und hat eine fromme Dame zur Verfasserin, die höchst wahrscheinlich aus Gallien stammt und mit der von Palladius, hist. Laus. c. 143, wegen ihres asketischen Lebens und ihrer theologischen Gelehrsamkeit gepriesenen Silvia, der Schwester des Präfekten Rufinus, identisch ist. Die Schrift, welche von der Pilgerin nach Vollendung ihrer Reisen in Konstantinopel verfaßt wurde, während sie sich bereits mit neuen Reiseplänen beschäftigte, ist an die Schwestern eines Klosters, wahrscheinlich in der Provence, gerichtet und zerfällt in zwei inhaltlich scharf gesonderte Teile. Leider ist der in langobardischer Schrift im Kloster Monte Casino geschriebene Kodex nur noch ein Fragment, indem der Anfang, der Schluß und auch in der Mitte zweimal ein Blatt (die zusammengehörigen Blätter 24 und 31) fehlen. Einigen Ersatz für das Verlorene bieten die Auszüge, welche im Jahre 1037 der Bibliothekar von Monte Cassino Petrus Diaconus seinem Büchlein de locis sanctis einverleibte. So werden wir mit dem ersten erhaltenen Blatt mitten in die Schilderung einer Besteigung des Sinai hineinversetzt. Selbstverständlich wiegt stets das religiöse Interesse vor, überall werden Mönche und Einsiedler besucht und an den einzelnen heiligen Stätten wird stets die betreffende Schriftstelle gelesen. Vom Sinai geht die Reise über Pharan und Clysma durch das Land Gosen nach der Stadt Arabia; von da wird über Tanis und Pelusium nach Jerusalem zurückgekehrt. Die zweite Reise hat den Berg Nebo zum Ziel, die dritte geht die Jordanebene hinauf über Sedima (Salem) nach Carneä zum Grab des Hiob. Auf der vierten Reise besucht die Pilgerin zuerst Antiochia, geht über Hierapolis, überschreitet den Euphrat und begibt sich nach Edessa zum Grab des heiligen Thomas und nach Charrä, der Heimat Abrahams, von da nach Antiochia zurück. Über Tarsus wird sodann die Reise nach Seleucia fortgesetzt, wo das Grab der hl. Thekla zum Gebet einladet; auf

dem gewöhnlichen, auch im Itinerarium Burdigalense vorgeschriebenen
Reiseweg durch Kappadocien, Galatien und Bithynien wird mit
einem Aufenthalt in Chalcedon beim Grab der hl. Euphemia die
Rückreise nach Konstantinopel vollendet.

An den ersten topographischen Teil schließt sich ein liturgischer,
der uns mit der Ordnung des Gottesdienstes in Jerusalem an den
gewöhnlichen Wochentagen, am Sonntag und an den Festtagen
bekannt macht. Leider fehlt ein Blatt, auf welchem die Feier der
heiligen Nacht in Bethlehem beschrieben war; erhalten ist die Beschreibung der Gottesdienste am Weihnachtsfeiertag, an der Quadra-
gesimä post Epiphaniam (Reinigung Mariä) und der besonders eingehend behandelten Fastenzeit, der septimana maior (Karwoche) und
des Osterfestes. Von größtem Interesse ist der Abschnitt über den
Katechumenen-Unterricht in Jerusalem, welcher unsere aus den Katechesen Cyrills von Jerusalem hierüber gewonnenen Kenntnisse ergänzt,
allerdings aber sich mit den Andeutungen Cyrills nicht immer vereinigen läßt. Den Beschluß macht das Encänien-Fest (13. September),
durch das Fehlen der letzten Blätter verstümmelt.

Für den Philologen ist die Schrift deshalb von besonderem
Interesse, weil die Verfasserin ein Latein schreibt, das nicht nur von
dem der klassischen Zeit, sondern auch von dem der Kirchenschriftsteller
ihrer Zeit sich wesentlich unterscheidet, indem sie, um den Ausdruck
Wölfflins zu gebrauchen, welcher ihre Sprache in einem Aufsatz,
Archiv IV S. 259—76 charakterisiert, ziemlich so schrieb, wie sie
sprach. Freilich war, wie schon die literarische Anzeige ebendaselbst
S. 338 hervorhob, eine genauere Vergleichung der Handschrift als
sichere Basis für sprachliche Untersuchungen wünschenswert. Deshalb
unterzog ich bei einer Reise nach Italien die Handschrift einer
genauen Nachprüfung, welche auch durch die zweite inzwischen er-
schienene Ausgabe Gamurrini's, Studi e documenti IX (1888) S. 97
bis 174 nicht überflüssig geworden ist; denn sind auch in dieser viele
Fehler und Ungenauigkeiten verbessert, so sind doch deren noch zahl-
reiche stehen geblieben; Text und Interpunktion sind an vielen Stellen
der Verbesserung bedürftig; neben mehreren guten Verbesserungs-
vorschlägen Gamurrini's stehen manche, die sich als verfehlt nach-
weisen lassen, und von den inzwischen gemachten Emendationen
anderer (vgl. Iwan Müllers Jahresberichte 1889, Band LIX, S. 57 f.)
hat er keine Notiz genommen. Im Folgenden sollen zu einer Reihe
von Stellen Verbesserungsvorschläge gemacht und begründet werden;
eine genaue Beobachtung des Sprachgebrauchs der Verfasserin wird
in vielen Fällen um so eher zum Ziel führen, als bei der Armut
und Unbeholfenheit der Sprache gewisse Worte und Wendungen
stereotyp wiederkehren.

In einer Miszelle in Wölfflins Archiv IV S. 611—15 habe
ich zu den von Wölfflin aus der Sprache geschöpften Bestätigungen
für die bestechende Hypothese Gamurrini's, daß die Verfasserin aus
Gallien stammt, weitere Beweise zu gewinnen versucht; ich möchte

zunächst dieselben durch einige neue vermehren. S. 78, 1 (ich zitiere nach Seiten und Zeilen der ersten Ausgabe): dicuntur ymni vel antiphonae. Et ad (finem, G.) ubi perducti fuerint iuxta consuetudinem, lebat se episcopus. Auf die Unrichtigkeit der von G. vorgenommenen Ergänzung von finem habe ich bereits a. a. O. S. 613 hingewiesen und erklärt „und sobald die Hymnen zu Ende geführt sind," kann jedoch an dieser Erklärung nicht mehr festhalten. Da vom Vortrag der Hymnen an zahlreichen Stellen regelmäßig das Verbum dicere gebraucht wird, so ist sicher herzustellen: et ad ubi perdicti fuerint, zumal da auf der nämlichen Seite Zeile 8 steht: et at (lies ad) ubi diaconus perdixerit omnia, quae dicere habet. Über adubi vgl. jetzt auch Bonnet, Le Latin de Grégoire de Tours p. 484 f., der meiner a. a. O. gegebenen Erklärung von at ubi oder adubi zustimmt. Die Verschreibung von ducere und dicere findet sich, nur in umgekehrter Weise, auch Zeile 17 der nämlichen Seite, wo auch die 2. Ausgabe Gamurrini's wieder bietet: et postmodum de Anastasi usque ad Crucem ymnus dicitur, episcopus simul et omnis populus vadet, während in der Handschrift dicitur von der nämlichen Hand durch ein über das erste i geschriebenes v in ducitur geändert ist, so daß die ganze Stelle folgendermaßen zu verbessern ist: et postmodum de Anastasim (so. die Handschrift) usque ad crucem <cum> ymnis (y͞ms die Handschrift) ducitur episcopus, simul et omnis populus vadet. Die Wendung episcopus ducitur cum ymnis ist in unserer Schrift eine stehende, vgl. z. B. S. 80, 16; 81, 9; 87, 4 und 11; 91, 18; 92, 11 und 30; 100, 3; 102, 1; 103, 13; 106, 16.

Da das demnach auf S. 78 zweimal stehende Kompositum perdicere außerdem nur noch durch eine Stelle eines gallischen Schriftstellers Alcimus Avitus V, 607 belegt ist, so dürfte es ein weiteres Gewicht für die gallische Herkunft der Verfasserin in die Wagschale legen.

Das gleiche gilt von einem zweiten mit per zusammengesetzten Verbum, das gleichfalls außer in unserer Schrift nur bei gallischen Autoren sich findet; ich meine das von Wölfflin a. a. O. S. 267 erwähnte peraccedere, S. 52, 17: peraccessimus ad locum ipsum. Es kommt dreimal bei Gregor von Tours vor, H. Fr. V, c. 13, S. 201, 15: Sic in Burgundiam peraccessit; VII, c. 29, S. 308, 21: Claudius Turonus peraccessit; IX, c. 5, S. 360, 19: usque Burdegalensem terminum peraccessit, fünfmal bei Fredegar, III, c. 78, S. 114, 9: in Remensem campaniam peraccessit; IV, c. 5, S. 125, 10: ad perfectione haec fraos non peraccessit; c. 56, S. 148, 26: Soissionas peraccedens; c. 90, S. 166, 32: utrum peraccederit — an repedarit und S. 167, 1: ibidem peraccesserat; dreimal bei seinen Fortsetzern c. 20, S. 177, 25: usque Narbonensem Galliam peraccessit; c. 21, S. 178, 20: Carlus properans peraccessit; c. 32, S. 182, 2: eorum patrias peraccessit; einmal bei Dares Frigius de orig. Francorum, S. 196, 9: per Mediterraneum mare ad Citeriam insulam — perraccessit. Bei Bonnet S. 197, Anm. 2 ist außer=

dem eine Stelle aus dem ebenfalls dem Merowingerreich angehörigen
Aethicus angeführt, Cosmogr. 103, p. 77, 34.

Ein weiterer Punkt, der auf Gallien hinzuweisen scheint, ist der
Gebrauch von eo quod statt des Acc. c. Inf. nach Verbis des
Sagens, der sich außerdem meines Wissens nur noch bei Fredegar*)
und besonders häufig in merowingischen Urkunden findet: S. 49, 7:
nam dicent, eo quod filii Israel in honore ipsorum eas statuas
posuerint; S. 60, 2: illud etiam presbiter sanctus dixit nobis, eo
quod usque in hodie — baptizarentur. Öfters steht es nach referre,
z. B. S. 49, 21: nam et hoc — episcopus retulit, eo quod Farao —
isset; S. 67, 8: illud etiam retulit sanctus episcopus, eo quod hii
fontes, ubi eruperunt (cod. e rupe ierunt), ante sic fuerit campus;
S. 67, 22: illud etiam retulit nobis sanctus ipse dicens, eo quod
ex ea die — usque in praesentem diem custodiatur, ne u. f. w.;
endlich ist der Acc. c. Inf. durch eo quod eingeleitet S. 69, 25:
sed quia andieram eos, eo quod extra diem paschae et extra diem
hanc non eos descendere de locis suis.

Die gleiche auffallende Konstruktion findet sich auch bei Fredegar
IV. c. 3, S. 124, 20 (Krusch): cumque Guntramno perlatum fuisset,
eo quod frater suos Chilpericus esset interfectus, festinans perrexit
Parisius; c. 42, S. 141, 28: repotans ei, eo quod dece reges
Francorum per ipsam interfecti fuissent; c. 68, S. 154, 27:
Sicharius — menas adversus Samonem loquitur, eo quod (daß
nämlich) Samo et populus regni sui Dagobertum diberint servicium;
c. 52, S. 146, 15: Chrodoaldus in offensam Dagoberti cadens
instigantibus (= cum instigantes dicerent) beatissimo vero Arnulfo
et Pippino maiores domus — eo quod esset ipse Chrodoaldus rebus
pluremis ditatos.

Eine ganz außerordentliche Ausdehnung erhält dieser Gebrauch
von eo quod in den Diplomata regum Francorum e stirpe Mero-
wingica (ed. Karolus Pertz, Mon. Germ. hist. Diplomatum tom. I),
meist in bestimmten formelhaften Ausdrücken, namentlich clementiae
regni nostri suggessit, eo quod; der Modus im abhängigen Satz ist
meist der Konjunktiv, doch kommt auch öfters der Indikativ vor.
Nr. 20 anno 656 (= Pard. II, n. 327) ist lückenhaft: ideoque
inlustres matrona A. clemenciae rigni nostri crededit suggeren-
dum .... io Chramlos subteriores — promeruissit, dagegen steht
eo quod sicher Nr. 27a. 664 (= Pard. 354): nam venerabilis pater
noster — clementie regni nostri suggessit, eo quod memoratus
domnus Sigibertus rex ad monasterium — contradidit. Der Indikativ
steht ferner Nr. 49a. 679 (= Pard. 394): qui ipse Amalgarius
dedit in respunsis, eo quod ipsa terra semper tennerant et
possiderant. Nr. 53a. 681 (= Pard. 399): venerabilis vir —
clementiam nostram exposcit, eo quod ipse princeps — concessit.

---

*) Bonnet in seinem trefflichen Werk „Le Latin de Grégoire de Tours"
Paris 1890 p. 660, Anm. 5 bringt noch zwei Belege aus Venant. Fortunatus.

Nr. 56a. 687 (= Pard. 408): clementiae regni nostri intulerunt, eo quod ipse Amalfridus et matrona sua — monasterium visi fuerunt aedificasse. Nr. 58a. 691 (= Pard. 417): venerabilis vir Bertinus clementiae regni nostri suggessit, eo quod avus noster — concessit. Nr. 66a. 693 (= Pard. 431): ibiqui veniens venerabilis vir — repetibat, dum dicerit, eo quod locello — malo ordine post se retenuit. Nr. 73a. 702 (= Pard. 456): ibique veniens venerabelis vir — suggerebat, dum dicerit, eo quod — condonaverant. Nr. 86a. 716 (= Pard. 501): (abba) climentiae regni nostri suggessit, eo quod — concesserunt.

Viel häufiger ist der Konjunktiv: Nr. 33a. 657 (= Pard. 329): Frodobertus — clementiae regni nostri suggessit, eo quod genitor noster — locello eidem concessisset. Nr. 35a. 658 (= Pard. 332): ibique venientes agentes monasthirii — adserebant, eo quod Ermelenus — contradiceretur indebiti. Qui Beracharius econtra dicebat, eo quod ab ipso Ermeleno — epistola donationis fuisse conscripta et ob hoc ipsa hereditas ad eodem pervenissit. Nr. 43a. 666 (= Pard. 356): venerabilis vir — clementiae regni nostri suggessit, eo quod ipsum monasterium a malis hominibus fuisset vastatum. Nr. 45a. 677 (= Pard. 385): vir venerabilis — cl. r. n. suggessit, eo quod genitor noster — concessisset. Nr. 49a. 679 (= Pard. 394): fimena nomene Acchildis Amalgario interpellavit, dum dicerit, eo quod porcione sua — post se malo ordene retenirit. Nr. 55a. 683 (= Pard. 403): venerabilis vir — cl. r. n. suggessit, eo quod ipse princeps — fecisset. Nr. 60a. 692 (= Pard. 424): (agentis) nobis suggesserunt, eo quod — abba ei commendassit. Nr. 62a. 692 (= Pard. 426): vir apostolicus — cl. r. n. suggessit, eo quod — commutassent. Nr. 63a. 692 (= Pard. 428): (abba) cl. r. n. detulit in notitiam, eo quod consobrinus noster — concessisset. Nr. 64a. 692 (= Pard. 429): (abba) suggeribat, dum dicirit, eo quod villa — firmassit. Nr. 65a. 692 (= Pard. 430): (apostolicus vir) cl. r. n. innotuit, eo quod — delegasset. Nr. 68a. 695 (= Pard. 431): ibique veniens inluster vir — suggerebat, eo quod — homo nomene Ibbo nullatenus ibidem ambolasset. Nr. 70a. 697 (= Pard. 440): (abba) cl. r. n. suggessit, eo quod agentis — abstraxissent. Intendebat aecontra ipse Drogus, eo quod socer suos — concamiassit. Nr. 76a. 709 (= Pard. 473): Audoinus clirecus suggeribat, dum dicerit, eo quod — comparassit. Nr. 77a. 710 (= Pard. 477): venientes agentes — adserebant — eu quod — concessissent. Postia dicebant, quasi — tollerent. Nr. 78a. 710 (= Pard. 478): venientis agentes baselece — nobis sogesserunt, eu quod farinario illo — contradicerent. Dicebant posthia — eu quod — ipse farinarius ad ipso Verno nonquam aspexissit. Nr. 79a. 711 (= Pard. 479): inluster vir Ragnesindus suggeribat, dum dicerit, eo quod — comparassit. Nr. 80a. 712 (= Pard. 480): (abba) cl. r. n. detulit in notitiam, eo quod consobrinus noster — concessisset. Nr. 83a,

716 (= Pard. 497): homo alicus — interpelavit, dum dicerit, eu quod porcione sua — ei malo ordine contradicerit vel post se retenirit. Nr. 84 a. 716 (= Pard. 498): venerabilis vir Chillardus — cl. r. n. soggessit, eo quod bonememorius proavus noster — concessissit. Nr. 85 a. 716 (= Pard. 499): venerabilis vir — nobis sugessit, eo quod — concessissent vel confirmassent. Nr. 91 a. 721 (= Pard. 515): (abba) cl. r. n. suggessit, eo quod proavus noster — concessisset. Nr. 93 a. 723 (= Pard. 527): cl. r. n. reddedirunt soggerentes, eo quod — fuissent concessus. Nr. 94 a. 726 (= Pard. 535): agentis basileci — suggerebant, dum dicerint, eo quod villa sua — delegasit vel firmasit.

Fragen wir uns nun nach dem Grund dieses auffallenden Gebrauchs von eo quod, so müssen wir an die Thatsache erinnern, daß bei späten gallischen Schriftstellern wie bei Gregor von Tours, Fredegar und seinen Fortsetzern die Konjunktion quod meist durch eo quod ersetzt, oder vielmehr durch eo verstärkt ist. Nicht auffallend ist diese offenbar aus dem Streben nach möglichster Deutlichkeit zu erklärende Erscheinung in Fällen, wo statt quod auch propterea quod gesetzt werden könnte. Nachdem man aber einmal gewöhnt war, statt quod eo quod zu gebrauchen, wendete man es auch da an, wo es weniger am Platz ist, z. B. nach den Verbis des Affekts und der Äußerung eines solchen; so steht in der Vita S. Geretrudis (ed. Krusch) S. 451, 15: gaudebat, eo quod meruisset und ib. S. 463, 17: gratias agens Deo, eo quod — dignatus est. Greg. Tur. in gl. conf. c. 55, S. 780, 9: gratias pastori retulit, eo quod non permiserit. Hist. Fr. IX, c. 19, S. 373, 17: magnas debes referre grates, eo quod — interfecerim und ib. S. 373, 28: cum regina graviter accepisset, eo quod — fuerat interfectus. Fred. IV, c. 80, S. 161, 28: tantummodo a plurimis blasphemabatur, eo quod esset avaritiae deditus. Auch in gl. conf. c. 70, S. 789, 26: peccavi, eo quod expoliaverim ecclesiam Dei würde man einfaches quod erwarten. Hist. Fr. VIII, c. 36, S. 351, 16: autumabant quidam, eo quod — uxorem fratris adscisset toro, extetisse causam, qua interimeretur bedeutet eo quod „der Umstand daß". Vollends pleonastisch ist eo, wenn bereits ideo vorausgeht, wie Fred. IV, c. 48, S. 144, 21: ideo befulci vocabantur, eo quod — precederent oder Greg. in gl. mart. c. 16, S. 499, 8: Mare enim mortuum ab (ob 2) hoc dicitur, eo quod ab incendio Sodomae vel reliquarum urbium est versatum.

So kann es kein Wunder nehmen, wenn eo quod schließlich auch nach verbis dicendi für quod angewendet wird, umsomehr als neben quod auch andere kausale Konjunktionen, wie quia und quoniam (worüber unten) den Acc. c. Inf. verdrängen.

Endlich wird quod in unserer Peregrinatio als temporale Konjunktion gebraucht = quando S. 36, 5: his diebus, quod sanctus Moyses ascendit in montem Dei; S. 36, 22: mons autem ipse per giro quidem unus esse videtur, intus autem quod ingrederis, plures sunt. Auch S. 88, 5: sabbato autem, quod manducaverint mane, iam nec sera manducant ist quod temporal, da auf der nämlichen Seite, Zeile 2, dafür das temporale quemadmodum (worüber unten) gebraucht ist: ut alii, quemadmodum manducaverint dominica die, — iam non manducent per tota septimana und ebenso S. 87, 26: et quemadmodum prandiderint dominica die, iam non manducant nisi sabbato mane, mox communicaverint in Anastase. (Gamurrini hat übersehen, daß hier mox = simulatque ist wie S. 79, 16 und S. 105, 14 und deshalb auch in der neuen Auflage vor mox kein Komma gesetzt. Über mox = simulatque vgl. Wölfflins und meine Bemerkungen a. a. O. S. 274 und 614). Auch S. 94, 17: qui locus ad quod lectus fuerit ist hierher zu ziehen, da ad quod statt des sonst üblichen ad ubi steht, worüber Archiv III S. 613 zu vergleichen ist. Dieser temporale Gebrauch von quod ist erläutert von Bonnet a. a. O. p. 325 f., wenn auch die dort angeführten Beispiele zum größten Teil etwas anderer Art sind.

Dieses temporale quod (Diez Gramm. der Rom. Sprachen⁴ S. 1040: que für quam, rom. quando durchaus üblich und S. 1011), wofür bei Fred. II c. 8 S. 47, 9 ebenfalls eo quod gebraucht wird: primus rex Latinorum tunc in ipso tempore surrexit, eo quod a Troia fugaciter exierant, ist mir nur aus der Datierung merowingischer Urkunden bekannt. Selten finden sich da andere temporale Konjunktionen wie Diplomata, ed. K. Pertz t. I Nr. 59 a. 691 (= Pard. II, 418): Sic et a proceribus nostris — fuit iudecatum: ut memoratus Chuneberethus ipso extromento in noctis quadraginta, quod evinit, ubi ficerit proximus minsis September dies viginti, in nostri presenciam dibiat presentari; Nr. 91 a. 721 (= Pard. 515): data quando facit Martius dies III; Pard. II, Nr. 570 a. 743: datum quando fecit Aprilis dies XXIII; Pard. II, Nr. 538 a. 726: actum publice est, cum fecit October dies viginti und bei Du Cange, Gloss. med. et inf. latin. s. v. quod fecit: „Vetus Epitaphium, repertum in Ecclesia S. Acheoli prope Ambianum anno 1660: † Leudelinus hic requiescit in pace, vixit annus L. Defunctus est, ubi fecit Genuarius dies XV. † Valdolina hic requiescit in pace, vixit annus XXX. Defuncta est, ubi fecit Iulius dies XXIII. Vetus Charta apud Iperium: Actum Virmandis, quando fecit Februarius dies 8." Letzteres Zitat ist unrichtig, da nur die Urkunde bei Pardessus Nr. 404 a. 685 gemeint sein kann, wo steht: Actum in Vermandis, quod fecit Februarius dies VIII. Sonst steht regelmäßig quod fecit, so z. B. Vita S. Radagundis (Script. rer. Merow. II ed. Krusch) c. 21, S. 392, 16: quarta feria mane primo Idus Agustas, quod fecit idem mensis dies 13, clausi sunt cius oculi und in einer ganzen Reihe von Urkunden der merowing. Könige in der Ausgabe von K. Pertz Nr. 9 a. 562; Nr. 29 a. 667; 30 a. 673; 47 a. 677; 50 a. 673—81; 59 a. 691; 60 a. 692; 61 a. 692; 62 a. 692; 67 a. 695; 69 a. 696; 70 a. 697; 71 a. 697; 73 a. 702; 75 a. 706; 76 a. 709; 77 a. 710; 78 a. 710; 79 a. 711; 82 a. 716; 83 a. 716; 84 a.

716; 85 a. 716; 89 a. 717; 92 a. 721; 94 a. 726; 97 a. 744; ferner in folgenden Diplomata maiorum domus: Nr. 10 a. 719; 14 a. 741; 15 a. 746; 16 a. 746 und 22 a. 750. Außerdem in folgenden Urkunden bei Pardessus, Diplomata I Nr. 163 a. 558 und II: Nr. 361 a. 670; 412 a. 690; 423 a. 692; 437 a. 696; 509 a. 719; 516 a. 721; 542 a. 727; 547 a. 730; 549 a. 731; 556 a. 735; 575 a. 744; 578 a. 744; 579 a. 744; Appendix: Nr. 9 a. 697; Nr. 14 a. 700; 19 a. 712; 38 a. 717. Als Abweichungen von der gewöhnlichen Regel (Data quod fecit mensis X dies x) will ich nur hervorheben Pard. II, 423 a. 692: data quem fecit mensis Febr. die XV; Diplom. reg. Franc. (Pertz) Nr. 30 a. 673: data — sub die quarto, quod fecit mensis Marcius; Dipl. maior. domus Nr. 15 a. 746: factum — sub die quod fecit menses Iunius dies VI; Pard. II, Nr. 549 a. 731: notavi quod feci(t) diem Iovis X kalen. Decembris; 556 a. 735: notavi quod feci(t) in mense Iunio, V idus Iulias; App. 9 a. 697: actum — sub diae quod ficit minsis Abrilis dies viginti et quinque; 38 a. 717: datum sub die, quod fecit mensis Februarius dies XIII. Der Zusatz sub die findet sich auf alemannischem Gebiet (St. Gallen, Straßburg, Weißenburg).

Für Gallien darf auch der Gebrauch von quare als kausaler Konjunktion ins Feld geführt werden. In einer von Petrus Diaconus aus dem verlorenen Teil unserer Peregrinatio in seine Schrift de locis sanctis herübergenommenen Stelle (S. 33 bei Riant), S. 137, 11 steht: Naves autem ibi et multae et ingentes sunt; quare portus famosus est pro advenientibus ibi mercatoribus de India. Der cod. Neap. hat statt quare ,quia', welches Riant mit Unrecht in den Text aufgenommen hat. Eine analoge Stelle aus der lex Alam. cap. 95 (cod. Corbeiensis) führt Du Cange s. v. quare an: ,Ab illo alio. Quare inde fugivit'. Ubi alii codd. Quia inde fugivit und bemerkt dazu hinc nostri ,car' hauserunt. Mag nun an beiden Stellen, was sich nicht sicher entscheiden läßt, quare = nam oder = quia sein, auf jeden Fall ist der Gebrauch von quare als kausale Konjunktion ein deutliches Indizium für den französischen (provençalischen) Charakter der Sprache. Vgl. Diez, Gramm. der Rom. Sprachen[4] S. 759 s. v. Nam: „Eine kurze, wohllautende Partikel für nam ist prov. quar (car). afr. auch quer (von quare)" und ebendaselbst S. 1020 bemerkt er zu der Stelle aus einer provençalischen Evangelienübersetzung „pauzet lo en la crupia, quar non avia autre luoc = posuit illum in praesepe, quia non erat eis locus": „Die Konjunktion für den Erklärungsgrund ist ital. perchè oder ciocchè; span. porque, porquanto; franz. parceque; prov. quar".

Anders gebraucht ist quare S. 101, 26: et arguet Thomam, quare incredulus fuisset und bei Greg. Tur. hist. Fr. III, c. 27, S. 132, 17: coniuncti Franci contra eum valde scandalizabantur, quare sponsam suam relinqueret, wo quare = quod ist, somit gleichbedeutend mit cur, das bei Roensch, Itala und Vulgata S. 405 durch Spartian. Sever. 14; Ambros. Serm 58; Veget ep. rei mil. III, 4; Hilar. de trin. 1, 26 belegt ist und sich besonders häufig findet bei Sulp. Sever. (Index von Halm) und Lucifer Calarit. (Ind. v. Hartel). Für quare = quod führt Sittl, die lokalen Verschieden-heiten der lat. Sprache S. 138 nur eine Stelle aus Vict. Vit. 3, 20 an. Auch dieser Gebrauch von quare = quod paßt sehr gut zum gallischen Charakter der Sprache; vgl. Diez, Gramm.⁴ S. 1009 f.: „Der abhängige Nebensatz entspricht in vielen Fällen einem mit der Präposition de begleiteten Substantiv, und sofern diese den Grund bezeichnet, dem latein. Quod. — Der Provenzale setzt einfaches que; übrigens bedient er sich hier am liebsten seines kausalen mit lat. quod gleichbedeutenden quar, z. B. non aia dol, car lo pert (non doleat, quod perdiderit)".

Auch einige Wortformen unserer Peregrinatio finden ihre Analogie in dem Sprachgebrauch eines gallischen Schriftstellers, des Gregor von Tours. Eine sicher aus der Peregrinatio entlehnte Stelle des Petrus Diaconus gibt Gamurrini S. 131, 24 folgendermaßen wieder: Sane lapidem, super quem Dominus panem posuit, nunc est factum altarium, de quo lapide non frustra tollunt venientes pro salute sibi et prodest omnibus. Anstoß nahm ich zunächst an der Tautologie non frustra tollunt, das ja genau das nämliche besagt, wie et prodest (nach S. 49, 11 et prode illis est ist es übrigens wahrscheinlich, daß in der Quelle des Petrus prode est stand) omnibus. Dazu kommt, daß man zu tollunt ein Objekt erwartet wie S. 49, 11: vadent ibi et tollunt surculos et prode illis est und Petr. Diac. S. 14 (Riant): in eadem vero valle stetit palma, unde pueri ramos tulere; S. 26: et ibi intra ipsam speluncam est locus, unde aquam tollebat. Das erwünschte Objekt erhalten wir, wenn wir non streichen und frustra als Substantiv (= frusta) fassen. Vgl. Krusch in der Aus-gabe des Gregor von Tours S. 912, 8: Pro certo scimus Turo-nensem clodus pro claudus, ager pro agger, frustra pro frusta aliaque scripsisse, quae in melioribus libris uno eodemque modo semper de-formata sunt und Bonnet, le Latin de Grégoire de Tours, p. 176. Beispiele dafür sind gesammelt S. 946, 15. Als ich in der Ausgabe von Riant nachsah, fand ich, daß non im cod. Casin. wirklich fehlt, und nur im cod. Neap. nach frustra eingesetzt ist. Offenbar hat der Schreiber der letzteren Handschrift frustra für das Adverbium gehalten und deshalb non eingesetzt, worin ihm Riant und Gamurrini mit Unrecht gefolgt sind.

Die S. 50, 9 als ager publicus bezeichnete, von der Thebais über Arabia nach Pelusium führende Heerstraße hatte Gamurrini in der ersten Ausgabe in agger publicus umgeändert, in der zweiten Ausgabe dagegen hat er mit Recht die vulgäre Form ager stehen lassen, die sich bei Gregor von Tours an vielen Stellen findet; vgl. den Index von Krusch S. 934 und über die Bedeutung Anm. 2 auf S. 790: est via publica, cf. Severi Dial. II, 3: ‚interim per aggerem publicum plena militantibus viris fiscalis raeda veniebat' et Sidon. ep. IV, 15: ‚quamquam villa non paucis aggere a publico milibus abesset'. Übrigens findet sich neben agger publicus auch die Bezeich-

nung via publica bei Gregor, vit. patr. IV, c. 2, S. 675, 17: solus
per viam publicam fugire nititur und bei Petrus Diaconus, S. 132, 1
(G.): iuxta cuius ecclesiae parietes via publica transit.

Freilich stimmt das nicht seltene Vorkommen eines bisher nur
aus einer einzigen Grammatikerstelle bekannten Adverbiums in unserer
Schrift, das übrigens in der Abhandlung Wölfflins übersehen ist,
scheinbar nicht zu deren gallischem Ursprung. S. 80, 26 lautet der
Text bei Gamurrini: vicibus enim quotidie presbiteri et diacones
vigilant cum populo de laicis etiam viris aut mulieribus. Si qui
volunt usque ad lucem, loco sunt: si qui nolunt, revertuntur in domos
suas. Lies: vicibus — vigilant cum populo; de laicis etiam —
mulieribus si qui volunt, usque ad lucem loco sunt, si qui nolunt,
revertuntur in domos suas. Hält man damit zusammen S. 82, 13:
monazontes autem usque ad lucem ibi sunt; S. 74, 19: visis etiam
sanctis monachis — tam viris quam feminis, qui ibi erant und
S. 100, 7: id est, quando tunc unus ex discipulis ubi (lies ibi) non
erat, so ergibt sich, daß loco = ibi ist. Das gleiche ist der Fall
S. 105, 17: et sedent omnes in giro prope episcopo, qui bap-
tidiandi sunt, tam viri, quam mulieres, stant loco etiam patres vel
matres; S. 75, 7: perveni Calcedona, ubi propter famosissimum
martyrium s. Eufimiae, quod ibi est, mansi loco. Hier ist wegen
der weiten Entfernung des Verbums von ubi die Ortsbestimmung
noch einmal demonstrativisch wiederholt, ähnlich wie im Hodoeporicon
S. Willibaldi (Tobler-Molinier) S. 262: ubi dominus fuit baptizatus
in ipso loco. Ebenso S. 79, 7: colliget se omnis multitudo, quaecumque esse potest in eo loco, ac si per pascha, in basilica, quae
est loco (= ibi) iuxta Anastasim. Diese Stellen werfen ein neues
Licht auf zwei bisher unverständliche andere, S. 41, 25 und 72, 1.
Die erstere lautet: et sic, quia sera erat, gustavimus nobis locum
in horto ante rubum cum sanctis ipsis. Auch hier ist locum =
loco = ibi. Zum Dativ nobis bei gustavimus vgl. S. 68, 4: illud
etiam satis mihi grato (= gratum) fuit, ut epistolas ipsas — acci-
perem mihi ab ipso sancto, S. 95, 8: sedete vobis und vadent se;
zu der doppelten Ortsbezeichnung loco neben in horto vgl. S. 95, 12:
necesse habemus hic omnes convenire in isto loco und Petr. Diac.
S. 16 (Riant): in loco, qui dicitur Cariathiarim, ubi fuit arca
Domini, ecclesia illuc constructa est.

Seite 72, 1 ist überliefert: Vidimus etiam locum iuxta puteum
iacente lapipem illum infinitum nimis, quem moverat sanctus Jacob
a puteo. Lies: loco iuxta puteum iacentem (so auch G.) lapidem.
Wir haben offenbar das von Diez, Gramm.⁴ S. 747 erwähnte alt-
italische Adverb loco = illic vor uns; vgl. auch Diez, Wörterbuch⁴
S. 196: „Loco. altitalienisches Ortsadverb = hic, das im span.,
port., prov., altfrz., wal. nur als Zeitadverb gebraucht wird."
Meines Wissens ist das Vorkommen desselben im Lateinischen bis
jetzt nur bekannt aus den aus dem Kloster Altumvillare (Hautvilliers)
stammenden, von Hagen Anecdota p. 176 veröffentlichten quaestiones

grammaticas saec. IX—X, besprochen von Rönsch, Semasiol. Beiträge II. Heft, Leipzig 1888, S. 74 und Sittl, lokale Verschiedenheiten, S. 75: loco est, id est ‚ibi est' ideo significare commodum censui, quia nos adverbio huiuscemodi non solemus uti, cum tamen et Afri et Romani et omnes Itali atque Beneventani tritum id habeant et assidue terant etiam in locutione communi. Dicunt enim, cum videre mittuntur, de quolibet homine vel de qualibet creatura vel inanima vel animata ‚loco est', ‚loco sedet', ‚loco iacet'. Gerade loco est und loco iacet kommt auch in unserer Peregrinatio vor, und dem loco sedet kommt das loco stat wenigstens sehr nahe.

Da aber nunmehr als sicher angenommen werden darf, daß die Verfasserin unserer Schrift aus Gallien stammt, so gilt es, sich mit der widersprechenden Angabe des Grammatikers auseinanderzusetzen. Dabei ist vor allem zu beachten, daß zwischen der Peregrinatio und dem Grammatiker ein Zeitraum von einem halben Jahrtausend liegt. Jedenfalls war loco ursprünglich in allen Teilen des römischen Sprachgebiets Ortsadverbium, und somit, wie unsere Schrift lehrt, im 4. Jahrhundert auch noch in Gallien; daneben aber scheint es wie illico auch im temporalen Sinn in Gebrauch gewesen zu sein. Nach einem auch sonst im Entwicklungsgang der Sprache oft beobachteten Gesetz konnte aber das eine Wort nicht auf die Dauer Träger von zwei Bedeutungen bleiben, und so spalteten sich die Dialekte, indem die ursprüngliche lokale Bedeutung nur in Italien und Afrika sich erhielt, während in den anderen Teilen des römischen Sprachgebiets loco nur in temporalem Sinn erhalten blieb.

S. 36, 11: Et quoniam nobis ita erat iter, ut prius montem Dei ascenderemus, qui hinc paret, unde veniebamus melior ascensus erat: et illuc denuo ad illud caput vallis descenderemus, id est ubi rubus erat, quia melior descensus montis Dei erat. Inde itaque ergo hoc placuit, ut u. s. w.

Es ist zu lesen: Et quoniam nobis ita erat iter, ut prius montem Dei ascenderemus, qui hinc paret, quia (so auch Sittl in Iwan Müllers Jahresbericht Bd. LIX, S. 57) unde veniebamus melior ascensus erat, et illinc denuo ad illud caput vallis descenderemus, id est ubi rubus erat, quia melior descensus montis Dei erat inde: itaque ergo hoc placuit. Daß der Vordersatz mit inde schließt, inde also mit descensus zu verbinden ist, dafür spricht Petrus Diaconus S. 38 (Riant): ab uno autem latere optimus est ascensus in montem et ab alio descensus. Am Schluß des Satzes steht inde auch an anderen Stellen der Peregrinatio, wie S. 37, 11: nam posteaquam completo desiderio descenderis inde; S. 41, 3: ac sic facta oratione descendimus inde; S. 52, 17: et gratias Deo agentes movimus inde; S. 102, 24: et hora iam nona descenditur inde. Hodoeporicon S. Willibaldi c. XIII, S. 260

(Tobler-Molinier, Itineraria): Et ibi Domino se commendantes ambulaverunt inde. In ähnlicher Weise steht auch S. 40, 3 die Ortsbestimmung am Schluß: cepimus iam et descendere ab ipsa summitate montis Dei. Mit itaque ergo endlich wird in unserer Schrift nicht nur häufig ein neuer Satz, sondern öfters auch der Nachsatz eingeleitet, z. B. S. 42, 1: et quoniam nobis iter sic erat, ut per valle illa — iremus, id est illa valle — ubi sederant filii Israel, dum Moyses ascenderet in montem Dei et descenderet: itaque ergo singula — nobis sancti illi loca demonstrabant. So wird auch eine andere Stelle verständlich, S. 107, 24 ff., welche nach Gamurrini's Ausgabe folgendermaßen lautet: Et quoniam in ea provincia pars populi et grece et siriste novit, pars etiam alia per se grece, aliqua etiam pars tantum siriste: itaque quoniam episcopus licet siriste noverit, tamen semper grece loquitur, et nunquam siriste. Itaque ergo stat semper presbiter, qui, episcopo grece dicente, siriste interpretatur, ut omnes audiant, quae exponuntur lectiones etiam, quaecumque in ecclesia leguntur: quia necesse est grece legi, semper stat, qui siriste interpretatur propter populum, ut omnes audiant. Offenbar wird der Nachsatz begonnen mit dem ersten der Konjunktion quoniam korrespondierenden itaque; da aber sofort wieder ein durch quoniam eingeleiteter Satz angereiht wird, in welchen der Konzessivsatz licet siriste noverit eingeschaltet ist, so wird dies itaque nochmals aufgenommen durch itaque ergo. Itaque ergo stat semper presbiter ist also der Nachsatz. Die Periode schließt mit quae exponuntur, während mit Lectiones etiam ein neuer Satz beginnt. Mit S. zu verbinden quae exponuntur lectiones etiam verbietet schon etiam, das unmöglich so am Schluß stehen könnte, sondern nach audiant gesetzt werden müßte. Von einer expositio der lectiones ferner ist nirgends die Rede, vielmehr heißt es S. 107, 17 deutlich et exponet omnia, quae aguntur in baptismo. Mit den Worten quae exponuntur wird also etwas ganz anderes bezeichnet als die lectiones, nämlich die Vorträge, welche der Bischof in der Woche nach Ostern für die Neugetauften über die Mysterien der Taufe und des Abendmahls hält, wie sie uns in den 5 mystagogischen Katechesen Cyrills von Jerusalem erhalten sind. Die ganze Stelle ist also folgendermaßen zu interpungieren:

Et quoniam in ea provincia pars populi et grece et siriste novit, pars etiam alia per se grece, aliqua etiam pars tantum siriste, itaque, quoniam episcopus, licet siriste noverit, tamen semper grece loquitur et nunquam siriste: itaque ergo stat semper presbiter, qui episcopo grece dicente siriste interpretatur, ut omnes audiant, quae exponuntur. Lectiones etiam, quaecumque in ecclesia leguntur, quia necesse est grece legi, semper stat, qui u.s.w. Vgl. auch S. 64, 15: Et quoniam — itaque ergo.

Manchmal steht statt itaque „ac sic" an der Spitze des Nachsatzes, z. B. S. 82, 5: Et quoniam pro (= propter, nicht per, wie auch in der 2. Ausgabe unrichtig angegeben ist) monazontes,

qui pedibus vadent, necesse est levius iri: ac sic pervenitur in
Ierusolima. S. 83, 12: Et quoniam dum predicant (ich vermute
tunc predicant) vel legent singulas lectiones vel dicunt ymnos,
omnia tamen apta ipsi diei, et inde, postmodum cum missa ecclesiae
facta fuerit, hitur cum ymnis ad Anastasim iuxta consuetudinem:
ac sic fit missa forsitan sexta hora. Wenn G. hier schreibt: Et
quoniam dum predicant, vel legent singulas lectiones, vel dicunt
ymnos, so könnte dies nur bedeuten: ‚Und weil sie während der
Predigt entweder einzelne Lektionen lesen oder Hymnen singen'. Da
aber die Lektionen und Hymnen nicht gleichzeitig mit der Predigt
vorgetragen werden können, glaube ich dum in tunc ändern zu müssen.
S. 96, 8 endlich korrespondiert dem quoniam im Nachsatz ideo.

Die Vermutung Sittl's a. a. O. Zeile 16: et (ut) inde totum
per mediam vallem ipsam, qua iacet in longum, rediremus statt
totum ‚tuto' zu schreiben, ist leicht als unrichtig nachzuweisen. Einmal kommt tuto in unserer Schrift nicht vor, so wenig wie tutus,
das wegen des Zusammenfalls mit totus der Volkssprache fremd ist;
so steht z. B. Pardessus, Diplom. II Nr. 412a. 690 statt totum et
ad integrum ‚tutum et ad integrum'. „Sicher" heißt securus, z. B.
Greg. Tur. H. Fr. III c. 14, S. 121, 19: Utinam securus sim, quod
non interficiar u. ib. Z. 20: iuravit ei, ut securus egrederetur; X c. 2,
S. 410, 5: fidem expetunt, ut securi sine armis egrederentur; de
virt. S. Iuliani c. 18, S. 572, 23: Iam securus sum, nam triginta
leucas a sancti basilica elongatus sum. So steht denn auch in
unserer Schrift S. 45, 3: diligentius et securius iam in eo loco ex
consuetudine Faranitae ambulant nocte quam aliqui hominum ambulare potest u. s. w. Was bedeutet hier diligenter? Offenbar nichts
anderes als eifrig = flink, rasch, so daß wir einen neuen Beleg erhalten für diese zuerst von Rönsch, Semasiolog. Beiträge II, S. 66
nachgewiesene Bedeutung. Leptogenes. c. 49, 12 findet sich nämlich
Exod. 12, 11 in folgender Version: in igne assum comedetis illud
diligenter (LXX $\mu\varepsilon\tau\grave{\alpha}\ \sigma\pi o\iota\delta\tilde{\eta}\varsigma$. Vulg. festinanter); vgl. frz. dili-
gence, it. diligenza. Aber auch dem Sinn würde tuto nicht ent-
sprechen; denn es ist nirgends von irgend einer Unsicherheit auf einem
anderen Weg die Rede. Auch kann man nicht beschließen, sicher
zurückzukehren, da die Sicherheit doch nicht vom Entschluß des Reisenden abhängig ist. Endlich wird das auch bei Priscillian (vgl. Schepß,
die Sprache Priscillians, Archiv III, S. 316) vorkommende Abverbium
totum in unserer Schrift nicht nur sehr oft angewendet, sondern kommt
gerade mehrfach in Verbindung mit Verbis der Bewegung vor. Am
nächsten kommt der vorliegenden Stelle S. 94, 19: Etiam (lies: et
iam) ex illa hora hitur ad civitatem pedibus cum ymnis, pervenitur
ad portam —, inde totum per mediam civitatem omnes usque
ad unum — toti ibi parati <sunt>. S. 91, 19: Et de summo monte
usque ad civitatem et inde ad Anastase per totam civitatem, totum
pedibus omnes, sed et si quae matronae sunt, aut si qui domini,
sic deducunt episcopum (so hat G. das sinnlose omnis sedet der ersten

Ausgabe verbessert). Es kann hier nur fraglich sein, ob o̅m̅s in omnes aufzulösen ist, oder nicht vielmehr in omnis, und populus darnach einzusetzen; für letztere Ergänzung würde eine Stelle aus Greg. Tur. gl. conf. c. 20, S. 759, 20 sprechen, wo ebenfalls die Honoratioren (hier domini et matronae) und das gewöhnliche Volk sich mittels sed et gegenübergestellt werden: Erat autem sacerdotum ac levitarum in albis vestibus non minimus chorus et civium honoratorum ordo praeclarus, sed et populi sequentis ordinis magnus conventus. Daß das Verbum im Plural steht, wäre kein Grund gegen omnis populus, da sich auch S. 102, 1 findet: omnis populus usque ad unum cum ymnis ducent episcopum in Syon;. ebenso S. 100, 22: et inde omnis populus usque ad unum cum ymnis ducunt episcopum usque ad Syon und wörtlich ebenso 103, 12; S. 100, 18: et cum ceperit hora esse, iam omnis populus et omnes aputactitae deducunt episcopum cum ymnis usque ad Anastase. An letzterer Stelle kann allerdings der Plural des Verbums auch lediglich von dem zweiten Subjekt aputactitae herrühren, da anderwärtig nach omnis populus das Verbum im Singular gebraucht wird, z. B. S. 102, 12: Revertitur ergo omnis populus, unusquisque in domum suam resumere se; S. 100, 3: omnis populus, episcopum cum ymnis in Syon ducet; S. 103, 6: Et apertis balvis (= valvis) maioribus — omnis populus intrat in Martyrium cum ymnis et episcopo; S. 99, 1: ubi iuxta consuetudinem omnis populus vigilat; S. 101, 16: cum autem mane factum fuerit, procedit omnis populus in ecclesia maiore, id est ad Martyrium. S. 102, 29: Inde descenditur cum ymnis omnis populus usque ad unum toti cum episcopo ymnos dicentes —; sic venitur — usque ad Martyrium könnte man sich versucht fühlen durch die leichte Änderung von descenditur in descendit abzuhelfen; vielleicht ist aber ein Anakoluth anzunehmen, eine Art Nom. abs.

Nach S. 91, 19 ist wohl auch S. 102, 18: et ibi sedet episcopus et presbiteri, sedet omnis populus das zweite sedet in sed et zu trennen, da gerade in solchen Gegensätzen die Verbindung mittels sed et sehr beliebt ist, z. B. auch S. 79, 2: Candelae autem vitreae ingentes ubique plurimae pendent — tam ante Anastasim quam etiam ante Crucem, sed et post Crucem; S. 52, 16: lecta etiam pars quedam Deuteronomii in eo loco nec non etiam et canticus ipsius, sed et benedictiones, quas dixerat super filios Israel.

Zu sed et vgl. W. Hartel, Lucifer von Cagliari und sein Latein in Wölfflins Archiv III S. 32.

S. 37, 11: nam posteaquam completo desiderio descenderis inde, et de contra illum vides, quod, antequam subeas, facere non potest. Jedenfalls ist mit G. potest in potes zu ändern. Interessant ist die Stelle, weil Petrus Diaconus den gleichen Fehler in seiner Schrift de locis sanctis S. 39 wiederholt hat: nam posteaquam ex eo descenderis, inde et decontra illum vides, quod antequam in eum ascendat, facere non poterit, als ob wie wenige Zeilen weiter oben S. 38 quis Subjekt wäre: tanto altior est omnibus illis, ut, cum quis ascenderit in illo, prorsus omnes illi montes, quos excelsissimos viderit, ita sub monte Syna videntur ac si colliculi. Ebenſo gedankenlos hat Petrus Diaconus auch den auf S. 35, 2 unſerer Peregrinatio: „ubi sex (von G. in der 2. Ausg. mit Recht in se geändert) tamen montes aperiebant et faciebant vallem" ſtehenden Fehler abgeſchrieben.

S. 37, 17 iſt die Interpunktion zu verbeſſern: ſtatt ‚susceperunt nos ibi — monachi — praebentes omnem humanitatem. Nam et ecclesia ibi est cum presbitero: ibi ergo mansimus' ſchreibe: susceperunt — humanitatem; nam et ecclesia ibi est cum presbitero (nam = δέ). Ibi ergo mansimus.

S. 38, 7: Hac sic ergo iubente Christo Deo nostro adiuta orationibus sanctorum, qui comitabantur, et sic cum grandi labore, quia pedibus me ascendere necesse erat (quia prorsus nec in sella ascendi poterat), tamen ipse labor non sentiebatur. Ex ea parte autem non sentiebatur labor, quia desiderium, quod habebam, iubente Deo, videbam compleri. Hora ergo quarta pervenimus in summitatem u. ſ. w. Hac iſt natürlich = ac, wie noch einige Male auf den erſten Seiten unſerer Schrift (Vgl. Wölfflin a. a. O. S. 269). Offenbar fehlt zu adiuta das Verbum; es iſt alſo entweder vor adiuta oder nach comitabantur ‚ascendi' einzuſetzen oder unter Annahme eines Anakoluthes folgende Interpunktion zu ſetzen: Hac sic ergo iubente Christo Deo nostro adiuta orationibus sanctorum, qui comitabantur, et sic cum grandi labore, quia pedibus me ascendere necesse erat, quia prorsus nec in sella ascendi poterat — tamen ipse labor non sentiebatur (ex ea parte autem non sentiebatur labor, quia desiderium, quod habebam, iubente Deo videbam compleri) —: hora ergo quarta pervenimus in summitatem. Ergo wird häufig gebraucht, um den durch Zwiſchenſätze unterbrochenen Faden der Rede wieder aufzunehmen z. B. S. 74, 9: Sed ut redeam ad rem, monasteria ergo plurima sunt ibi. S. 83, 11: sed ut redeamus ad rem, fit ergo prima die missa. S. 46, 3: Sane licet terram Gesse iam nossem, id est qua primitus ad Egyptum fueram, tamen, ut perviderem omnia loca, quae filii Israel exeuntes de Ramesse tetigerant euntes, donec pervenirent ad mare rubrum, qui locus nunc de castro, quod (qui die Höſchr.) ibi est, appellatur Clesma: desiderii ergo fuit, ut u. ſ. w. Ähnlich S. 53, 1; 58, 3; 66, 4. Über einfaches ergo in der Apodoſis vgl. Archiv III, S. 19. Daß im Anfang des Satzes der Singular adiuta ſteht, das Verbum pervenimus aber, noch dazu nach ſo langer Unterbrechung, im Plural folgt, kann nicht befremden, da ja S. 64, 4 ſich findet: Unde denuo proficiscens pervenimus Edessam und S. 51, 16: Proficiscens ergo Ierusolima, faciens iter cum sanctis, id est presbitero et diaconibus de Ierusolima et fratribus aliquantis id est monachis: pervenimus ergo usque ad eum locum u. ſ. w.

S. 39, 1: Lecto ergo ipso loco omnia de libro Moysi et facta oblatione — dederunt nobis presbiteri ipsius loci eulogias.

2

Es ist nicht anzunehmen, daß von lecto der Akkusativ omnia abhängig ist, ähnlich wie in merowingischen Urkunden und germanischen Gesetzen Partizipien wie excepto mit Akkusativen verbunden erscheinen, so daß ipso loco lokaler Ablativ wäre = an der Stelle selbst. Vielmehr kann locus nur die Schriftstelle, ipse locus die betreffende Schriftstelle, bezeichnen nach S. 40, 13: et lectus est ipse locus de libro regnorum; S. 41, 2: lectus est ergo et ibi ipse locus de libro Moysi; S. 41, 24: lectus est etiam locus ipse de libro Moysi iuxta consuetudinem. Wir dürfen umso unbedenklicher omnia statt omni als lapsus calami des Kopisten betrachten, als er auch S. 74, 17 den nämlichen Fehler gemacht hatte, aber ihn nachträglich verbesserte. Dort steht nämlich in der Handschrift: Ibi ergo cum venissem in nomine Dei, facta oratione ad martyrium nec non etiam et lecta' omnia (a durchstrichen) actus sanctae Teclae gratias Christo Deo nostro egi infinitas. Es soll offenbar heißen lecto omni actu sanctae Teclae (das unpassende s konnte deshalb leicht an actu angehängt werden, weil das folgende Wort mit s anlautete). So muß denn auch an der vorliegenden Stelle hergestellt werden lecto ergo ipso loco omni.

S. 39, 20: Illud autem vos volo scire, dominae venerabiles sorores, qui de eo loco, ubi stabamus, id est in giro parietes ecclesiae, id est de summitate montis ipsius mediani, ita infra nos videbantur illi montes, ac si essent illi colliculi. Cum tamen ita infiniti essent, ut non me putarem aliquando altiores vidisse. In der zweiten Ausgabe schreibt Gam. statt qui ,quod'; tam statt tamen ist wohl als Druckfehler zu betrachten. Natürlich ist vor cum tamen (während doch) Komma zu setzen; statt qui muß quia geschrieben werden. Eine bekannte Erscheinung ist ja, daß die schon im archaischen Latein vorkommende Ersetzung des Acc. c. inf. durch kausale Konjunktionen im Spätlatein immer mehr um sich greift. Vgl. Sittl, die lot. Verschiedenheiten der lat. Sprache, S. 110 ff. u. W. Hartel, Lucifer von Cagliari und sein Latein in Wölfflins Archiv III, S. 49. Bonnet, Le Latin de Grégoire de Tours p. 660 ff. So finden wir denn auch in unserer Schrift den Acc. c. inf. nach den Verbis sentiendi häufig, nach den Verbis dicendi regelmäßig durch kausale Konjunktionen verdrängt, und zwar findet sich nach scire zweimal quia, S. 70, 20: hoc solum scio, quia postmodum puer Abraae — in Charra venerit und S. 76, 6: sciens, quia libenter haberetis haec cognoscere (über diese Verbindung von habere mit Adverbien vgl. Rönsch, Semasiol. Beitr. III, S. 44); einmal quoniam S. 106, 12: Deus autem scit, quoniam maiores voces sunt fidelium.

Nach credo steht quia S. 55, 6: Sed mihi credite, quia columna ipsa iam non paret; ebenso S. 65, 11: rex Aggarus, qui — credidit ei, quia esset vere filius Dei; quoniam S. 62, 23: nam mihi credat volo affectio vestra, quoniam nullus christianorum est. Selten findet sich einfaches quod, einmal nach video, S. 49, 23: Farao vidit, quod filii Israel dimiscrant cum; quoniam nach paret S. 49, 2: Paret sane, quoniam ingens fuit per girum.

Nach dicere steht quia S. 56, 5: Tunc dictum est nobis, quia in isdem diebus — castra ibi fixa habuissent und S. 100, 8: dicentibus ei aliis apostolis, quia Dominum vidissent, ebenso quoniam S. 55, 11: dixit nobis, quoniam iam aliquot anni essent. Nach testari steht quoniam S. 70, 27: nam vere scriptura hoc testatur, quoniam — huc venerit puer s. Abraae.

Einfaches quod als Konjunktion ist selten; es wird verdeutlicht durch ein vorangehendes Demonstrativum, z. B. S. 109, 1: et hoc per scripturas sanctas invenitur, quod ea dies sit enceniarum, S. 92, 15: Illud solum additur tertia feria, quod nocte — vadent, S. 98, 18: hoc solum hic amplius fit, quod infantes — ad Anastase ducuntur. Außerdem erscheint es in der Verbindung mit nisi S. 39, 26 und 63, 16, tantummodo S. 89, 2 tantum S. 91, 6 und 104, 2. Als rein kausale Konjunktion ist es durch quia und quoniam verdrängt. Selbst statt non quod nicht als ob S. 87, 29: Quod autem dixi, propter illos fit missa mane, non quod illi soli communicent, sed omnes communicant tritt S. 69, 23 non quia ein: quos tamen non estimabam me penitus posse videre (der Punkt, den G. hier setzt, muß natürlich in ein Komma umgeändert werden), non quia impossibile esset Deo etiam et hoc prestare michi, qui omnia prestare dignabatur, sed quia audieram u. s. w.

Propterea quod fehlt ganz; dafür findet sich propterea quia, z. B. S. 74, 12; 84, 27; 90, 12; 93, 9; 96, 4 und propterea quoniam S. 41, 10 u. 90, 1. Daß für quod, wenn es den Acc. c. Inf. vertritt, regelmäßig nach den Verba dicendi eo quod gebraucht wird, ist bereits oben erwähnt. Wie bei Lucifer von Cagliari (vgl. W. Hartel in Wölfflins Archiv III, S. 49) finden sich beide Konstruktionen verbunden, indem quia und eo quod den Accus. c. Inf. einleiten S. 97, 16: ut ostendatur omni populo, quia quicquid dixerunt prophetae futurum de passione Domini, ostendatur tam per evangelia quam etiam per apostolorum scripturas factum esse und S. 69, 25: sed quia audieram eos, eo quod extra diem paschae et extra diem hanc non eos descendere de locis suis. Zu dem Gräcismus audieram eos, eo quod vgl. S. 70, 18: Nahor autem vel Bathuhelem non legi, quando in isto loco transierint und S. 70, 24: Nahor autem cum suis vel Bathuhelem non dicit scriptura canonis, quo tempore transierint. Die Verbindung von quod und dem Accus. c. Inf. hat auch Greg. Tur. gl. mart. c. 46, S. 519, 13: aiebat enim, quod, quando haec gloriosa corpora translata in ecclesia illa fuerunt, — cecidisse e camera tabulam unam; mit einander wechseln beide Konstruktionen H. Fr. VIII, c. 43, S. 354, 28: Sonus autem his diebus exierat, quod Fredegundis occultus in Hispaniis nuntius dirigerit eosdemque a Palladio — clam susceptus et inantea transmissus fuisse.

Zu S. 39, 21: in giro parietes ecclesiae vgl. Wölfflin a. a. O. S. 265: „Ein solches zwar nicht neu auftauchendes, aber doch bald zu ungeahnter Ausdehnung gelangendes (aus dem Griechischen entlehntes) Wort ist $\gamma \tilde{\upsilon} \varrho o \varsigma$, der Kreis. Es verdrängt sowohl das Substantiv circulus, als auch bildet es Präpositionalverbindungen, welche dem adverbiellen circa (die Präposition circa ist noch unberührt) und circiter (environ = in gyrum) Konkurrenz machen." Daß dies nicht richtig ist, sieht man aus der vorliegenden Stelle, wo in giro sicher als Präposition mit dem Akkus. gebraucht ist. Auch S. 58, 27 ist es als Präposition mit dem Abl. verbunden: Ecce ista fundamenta in giro colliculo isto, während S. 58, 2: et deorsum per girum ipsius colliculi parent fundamenta grandia antiqua, die substantivische Natur von girus noch fühlbarer ist und deshalb der Genetiv steht. Deshalb ist die von G. S. 95, 21: stant in giro mensa diacones vorgenommene Änderung von mensa in mensae ganz unnötig.

Ein tieferes Verderbnis liegt vor S. 40, 13 ff.: et lectus est ipse locus de libro regnorum; id enim nobis vel maxime ea desideraveram semper, ut ubicumque venissemus, semper ipse locus de libro legeretur. Hier ist der Dativ nobis nicht zu erklären, weshalb G. in der 2. Ausgabe desiderii fuerat vermutet, ohne damit die Schwierigkeit zu beseitigen, zumal da das Plusqpfct. unpassend ist. Ferner ist ea korrupt und bei ubicumque venissemus vermißt man die Angabe des Ziels, da ubicumque sicher temporal gebraucht ist, wie S. 52, 18: Id enim nobis semper consuetudinis erat, ut ubicumque ad loca desiderata accedere * volebamus, primum ibi fieret oratio. Nach dieser Stelle dürfte auch hier zu lesen sein: Id enim nobis vel maxime <consuetudinis erat> semper, ut ubicumque <ad> ea <loca>, quae desideraveram, venissemus, semper ipse locus de libro legeretur.

Ich habe bereits angedeutet, daß mir auch S. 52, 18 nicht alles in Ordnung zu sein scheint. Daß volebamus korrupt ist, ergibt der ganze Zusammenhang, denn wenn sich die Pilgerinnen den ersehnten Stätten erst nahen wollten, konnten sie unmöglich das Gebet dort verrichten. So steht auch S. 40, 14: ut, ubicumque venissemus, semper ipse locus legeretur und S. 59, 25: et singula, quae consuetudinis nobis erant facere, ubicumque ad loca sancta veniebamus, ita et ibi fecimus. Ich vermute, daß valebamus zu lesen ist = sobald wir an die ersehnten Orte zu gelangen vermochten, oder sobald es uns glückte, vergönnt war, obwohl sich dies im Spätlatein ungemein häufig im Sinn von possum verwendete Verbum sonst in unserer Schrift nicht findet. Die Konjektur wird fast zur Gewißheit durch den folgenden Satz S. 52, 21: Hanc ergo consuetudinem iubente Deo semper tenuimus, ubicumque ad loca desiderata potuimus pervenire.

S. 41, 7: quia necesse nos erat et loca omnia sancta ambulare et monasteria, quaecumque erant ibi, videre et sic ad (cod. aut) vallis illius, quam superius dixi, caput exire. Daß aut in ad zu ändern ist, zeigt der folgende Satz: Propterea autem ad caput illius vallis exire nos necesse erat, quoniam ibi erant monasteria plurima und 36, 12: et illuc (fort. illinc) ad illud caput vallis descenderemus. Auch G. hat es S. 107 der zweiten Ausgabe erkannt. Möglicherweise ist nach S. 44, 2: ut perambularem omnia loca ‚perambulare' zu

schreiben oder et vor loca in ad umzuändern; doch steht auch
S. 50, 23: loca quae ambulaverunt filii Israel. Dieser Gebrauch
des Akkusativs würde eine Erweiterung der figura etymol. sein, die
sich findet S. 45, 13: ambulaverunt iter suum neben ambulans per
iter iam notum S. 51, 1 (vgl. de situ terrae sanctae secundum
Theodosium, Révue archéol. 1864, S. 111, 49 si compendiaria
volucris ambulare); S. 61, 6: ire cepimus iter nostrum neben
S. 60, 20: euntes in eo itinere; S. 60, 19: perexivimus iter nostrum; S. 72, 22: regressi sumus per iter vel mansiones, quos
veneramus; S. 75, 2: profecta sum inde iter meum. Ähnliche
Akkusative siehe bei W. Hartel, Lucifer von Cagliari und sein Latein,
Archiv III, S. 41.

S. 41, 13: qui rubus usque in hodie viret et mittet virgultas.
So steht im Text G. in beiden Ausgaben; in der zweiten jedoch steht
in Anmerkung Cod. vivet. Dies ist auch in dem Text zu belassen;
und bei Petrus Diaconus S. 143 (S. 40 Riant) hat es G. inkon-
sequenterweise unangetastet gelassen, wo die Stelle wiedergegeben ist:
qui rubus usque hodie vivit et mittit virgulta. Vivet und mittet ist
natürlich = vivit und mittit, wie an zahlreichen anderen Stellen die
dritte Person Sing. Ind. der Verba der 3. Konjugation auf — et
ausgeht, vgl. auch den Index von Krusch zu Gregor von Tours
S. 922 mit der Anmerkung. An eine Änderung von vivet in viret
ist umsoweniger zu denken, weil vivere von Bäumen auch sonst gesagt
wird, z. B. Greg. Tur. gl. mart. c. 67, S. 533, 23: Sed decursis
temporibus, cum rami cortixque eius pro salvatione a multis detra-
herentur, arefacta est. Verum tamen fideliter petentibus vivit.
Greg. gl. conf. c. 7, S. 753, 12: quae (arbor) — etiam praemor-
tua, quia spoliata a cortice, vivebat tamen honore viri Dei. ib.
c. 23, S. 763, 12: Adveniente verno tempore sicut reliquae arbores
flores, quae viri manu, ut ita dixerim sepulta fuerat, rediviva in
sospitate virescens, novos frondes emisit. Extant de ea hodieque
virgulta (virgultae la. b.). Bemerkenswert ist der Übergang der Form
des Neutrums ins Femininum. Vgl. Bonnet a. a. O. p. 353.

Der Akkusativ virgultas ist vielleicht auch S. 50, 12 ff. herzustellen: Proficiscentes ergo inde totum per terram Gessen, iter fecimus
semper inter vineas, quae dant vinum, et vineas, quae dant balsamum, et inter pomaria et agros cultissimos et hortos: primo (so
G., cod. primos) iter habuimus totum super ripam fluminis Nili inter
fundos frequentissimos.

Da Tacitus Hist. V, 6 in der Beschreibung Paläſtina's sagt:
balsamum et palmae; palmetis proceritas et decor, balsamum modica
arbor, auch Isidor 17, 8, 14 balsami arbor und Flor. 3, 5, 29
balsami silvae nennt, so könnte man vineas, quae dant balsamum
für verderbt halten. Beda de locis sanctis c. X sagt vom Jordanthal: Locus urbis segetes et vineta recipit. — Denique campus
eum (fontem iuxta Iericho) circumiacet septuaginta stadiorum in
longitudinem et viginti in latitudinem patens, in quo mirabilis hor-

torum gratia, varia palmarum genera, prestantissimi apium fetus. Illic opobalsamum gignitur, quod ideo cum adiectione significamus, quia agricole cortice tenus (so ist jedenfalls nach Heges. 4, 17, 29 statt tenues zu lesen) virgulas acutis lapidibus incidunt, in quibus balsama generantur. Dies brachte mich auf den Gedanken statt vineas sei das zweite Mal virgultas zu lesen. Virgultum wird ja auch von Baumpflanzungen gebraucht Verg. Georg. II, 2: Nunc te, Bacche, canam nec non silvestria tecum Virgulta. Virgultum könnte man jedenfalls ganz passend von den Balsamstauden sagen. Da jedoch auch Plin. 12, 54 das Bäumchen mit dem Weinstock und seine Kultur mit der des Weinstocks verglichen wird, so ist doch wohl vineas auch an zweiter Stelle nicht anzutasten, namentlich wegen der unterscheidenden Relativsätze quae dant vinum und quae dant balsamum.

Dagegen ist anderes an der vorliegenden Stelle der Besserung bedürftig. Wenn man ein Komma setzen will, so darf dasselbe sicher nicht nach Gessen gesetzt werden, da totum per terram Gessen iter fecimus zusammengehört, sondern nach inde. Ganz verfehlt ist ferner die Änderung von primos in primo, da es ein Widerspruch ist zu totum; auch sieht man nicht ein, weshalb der Weg von Arabia nach Tanis nur zuerst am Ufer des Nil hingeführt haben soll. Da vorausgeht agros cultissimos, und fundos frequentissimos folgt, so erwarten wir auch zu hortos ein Attribut; es wird daher primos zu p<ulcher>rimos zu ergänzen sein.

Wie an der oben angeführten Stelle Gregors ein heilkräftiger Baum erwähnt wird, der von den gläubigen Pilgern der Rinde und Blätter beraubt wird, so erwähnt auch die Verfasserin unserer Schrift eine ähnliche wunderthätige Sykomore S. 49, 8: Et est ibi praeterea arbor sicomori, quae dicitur a patriarchis posita esse; nam iam vetustissima est et ideo permodica est, licet tamen adhuc fructus afferat. Nam cuicumque in quo moditas fuerit, vadent ibi et tollent surculos et prode illis est. Gamurrini streicht in und macht aus quo moditas ‚commoditas'. In in quo moditas steckt aber incommoditas, das bei Georges [7] in der hier erforderlichen Bedeutung „Unpäßlichkeit" durch Heges. 1, 45 § 9 und 11 belegt ist. Außerdem ist mir bekannt Theod. Pris. II, c. 3: Lethargici vero sub simili incommoditate vigiliarum — molestius deprimuntur. II, c. 11: Satyriasis vero ex certa corporis incommoditate — tensionem particulae facit. Häufiger wird incommodum von Krankheiten gebraucht, ziemlich regelmäßig bei Greg. Tur. z. B. de virt. s. Iuliani c. 3, S. 566, 3: gravi laborans incommodo; de virt s. Martini II, c. 10, S. 612, 18: hic ab incommodo (febri), haec a profluvio sanati; ib. c. 26, S. 618, 36: pessimum incurrit incommodum (febrim); c. 32, S. 621, 6: protinus omnis ardor quievit incommodi; III, c. 44, S. 643, 12: ex quo tabescens incommodo; c. 51, S. 644, 28: incommode agere coepit. Vit. Patr. I, c. 4, S. 671, 6: gravissime incommodi accensu afficiebatur; VI c. 7, S. 685, 4: cum gravatus incommodo (= febri) decubaret; ib. S. 686, 22: nec ab hoc est pulsatus incommodo; VII c. 2, S. 688, 14: cum a quartano fatigaretur incommodo. Ähnlich auch gl. conf. c. 25, S. 764, 10; c. 39, S. 772, 16; c. 99, S. 811, 10; d́e mir. b. Andreae c. 30, S. 844, 11.

Zu der vulgären Form prode est vgl. Rönsch, Itala und Vulgata S. 468 und Ritschl, Rhein. Muf. XXIII, 3, S. 518 f.

S. 41, 15: Hic autem rubus, quem superius dixi —, qui est in eo loco, ubi monasteria sunt plurima. Natürlich ist est einzusetzen, aber nicht, wie G. in der 2. Ausgabe gethan, nach autem, sondern nach hic, vgl. die analogen Satzanfänge S. 36, 3: haec est autem vallis ingens et planissima, in qua filii Israel commorati sunt; S. 36, 8: haec est autem vallis, in qua factus est vitulus; S. 43, 7: haec est ergo vallis, ubi celebrata est pascha; S. 50, 20: haec est autem civitas Tathnis, quae fuit quondam metropolis Pharaonis.

S. 42, 24: ostenderunt etiam locum, ubi filios Israel iussit currere sanctus Moyses de porta in porta regressus ad montem. Es ist die Exodus 32, 15 ff. erzählte Begebenheit gemeint. Da daselbst steht et reversus est Moyses de monte, so ist hier herzustellen a monte. Ebenso ist wohl auch S. 45, 8: Filii etiam Israel revertentes ad montem Dei Syna usque ad eum locum reversi sunt per iter quod ierant zu schreiben a monte Dei; Petrus Diaconus S. 37 (Riant) steht: ubi abitaverunt filii Israel, cum reverterentur a monte; S. 92, 26: et revertuntur a monte (Eleona). Die Verwechslung von ad und ab ist ja bekanntlich eine sehr häufig vorkommende. Regredior im Sinn von revertor findet sich neben diesem in unserer Schrift vielfach, z. B. S. 42, 25; 43, 26; 51, 5; 56, 13; 59, 5; 62, 8; 72, 22.

S. 42, 30: Ostenderunt etiam nobis locum, ubi de spiritu Moysi acceperunt septuaginta viri. Da G. die Anmerkung: Supple: legem in der 2. Ausgabe weggelassen hat, so hat er, wie es scheint, dieselbe als unrichtig erkannt. Zu ergänzen ist gar nichts, vielmehr ist die Num. 11, 17 und 25 erzählte Mitteilung vom Geiste Moses an die 70 Ältesten gemeint. De spiritu ist also ein Teilungsgenetiv wie S. 39, 3: dederunt nobis presbiteri loci ipsius eulogias, id est de pomis. Vgl. Wölfflin a. a. O. S. 272.

S. 43, 4: quae quidem omnia singulatim scribere satis fuit, quia nec retineri (so auch Sittl a. a. O. S. 58 statt des überlieferten retinere) poterant tanta, sed cum leget affectio vestra libros sanctos Moysi, omnia diligentius pervidet, quae ibi facta sunt. Offenbar erwartet man einen ähnlichen Gedanken wie S. 82, 16: Qui autem ornatus sit illa die ecclesiae — superfluum fuit scribi. Zum richtigen Verständnis verhilft S. 88, 16: Nemo autem exigit, quantum debeat facere (im Fasten), nec ille laudatur, qui satis fecerit (in zwei Worten steht es in der Handschrift), nec ille vituperatur, qui minus. Qui satis fecerit heißt „wer ein Übriges" thut;

wie der Gegenſatz minus zeigt, liegt darin ein Komparativbegriff.
S. 103, 3: de porta autem (das Komma, das G hier ſetzt, iſt zu
tilgen) quoniam satis est usque ad ecclesia maiore, id est ad
Martirium, porro hora noctis forsitan secunda pervenitur. Hier
bedeutet satis est ſoviel als longum est „es iſt weit." So heißt
denn S. 43, 4 satis fuit „dies alles im einzelnen zu ſchreiben war zu
viel oder zu weitläufig." (Vgl. Sittl a. a. O. „quae quidem u. ſ. w.
drückt gerade das Gegenteil des Sinnes aus, oder ſteht satis im Sinn
von nimis, weil beide damals „ſehr" bedeuten?").

S. 43, 9: quoniam in ipsa valle Israel commorati sunt aliquandiu. Ein Thal Iſrael gibt es nicht, vor Israel iſt filii aus=
gefallen.

S. 43, 13: Nam ostensus est nobis et ille locus, in quo confixit Moyses primitus tabernaculum (cod. mos esset) gibt G. als
Lesart der Handſchrift an; in der Handſchrift ſteht aber confix;
= confixus, alſo iſt zu leſen in quo confixum a Moyse esset
primitus tabernaculum.

S. 43, 19: reingressi sumus via, qua veneramus, inter montes
illos, quos superius dixeram. Nam etiam ipsa die accessimus u. ſ. w.
Dixeram halte ich für unrichtig, da unſere Schriftſtellerin, wenn ſie
auf bereits Erzähltes zurückverweiſt, ſtets das Perfekt gebraucht:
S. 36, 11: quam dixi ingens; S. 41, 7: sicut superius dixi und
ebenſo S. 88, 8; S. 41, 15: quem superius dixi; S. 42, 2: quam
superius dixi; S. 44, 14: sicut et superius dixi; S. 47, 16: quem
superius dixi; S. 49, 20: quas dixi; S. 50, 6: ut et superius
dixi; S. 50, 22: ut superius dixi und ebenſo S. 58, 26; 85, 5
und 86, 20; S. 84, 3: quos superius nominavi; S. 88, 13: sicut
superius diximus und S. 102, 8: ut superius diximus. Dixeram
iſt wohl durch den Gleichklang mit dem folgenden nam entſtanden.
Man wende nicht ein, daß ja S. 67, 18 das Plusqpfct. ſtehe:
(S. episcopus) ait ad me: ‚eamus nunc ad portam, per quam ingressus est Ananias cursor cum illa epistola, quam dixeram', da es
ſich ja hier um keinen Rückverweis des Autors handelt.

S. 47, 10: Nam et Epauleum ostensum (cod. ostens;) est
nobis de contra tamen, et Magdalum fuimus. Man wäre verſucht
vor Magdalum ad einzuſetzen, wenn nicht auch S. 50, 21 ſtünde
quando Alexandriam vel ad Thebaidem fueram; ad Thebaidem wie
S. 46, 3 qua primitus ad Egyptum fueram; S. 50, 3: de eo
tempore, quo ad Thebaidam fueram; S. 68, 17: ibi statim fui ad
ecclesiam; S. 73, 9: fui ad episcopum (= apud). Magdalum und
Alexandriam ſind offenbar Verwechſlung mit dem Ablativ Magdalo
und Alexandria und letztere Formen herzuſtellen. Vgl. Bonnet
a. a. O. p. 575.

S. 47, 14: et Iobelsefon ostensum est nobis. Da der Ort
nach Exod. 14, 9 Beelsephon heißt, vermutet G. S. 113 der zweiten
Ausgabe inde Belsephon. Der Überlieferung näher kommt locus
Belsephon. Bedenkt man, daß I und L in der Handſchrift einander

zum Verwechseln ähnlich sehen, so ist leicht erklärlich, wie aus Ioc; belsephon, Io belseson werden konnte; der Fehler ostens; für ostensum findet sich auch S. 47, 10 und S. 43, 13, an letzterer Stelle confix; für confixum.

Wie hier so ist auch S. 54, 18 die Korruptel teilweise durch Übersehen der Abkürzung; — us zu erklären. Vidimus etiam de contra non solum Libiadam, quae circa Iordanem erat, sed et Iericho, que trans Iordanem tantum eminerat, excelsus locus, ubi stabamus, id est ante hostium ecclesiae. Man sieht leicht, daß dem tantum ein quantum entsprechen muß wie S. 53, 34 und in umgekehrter Ordnung S. 47, 6. Wir setzen also vor excelsus locus „quantum' ein. Was ist aber eminerat? Wollten wir mit G. (erste Ausgabe) schreiben eminebat, so wäre damit nichts gedient, da ja Jericho bekanntlich im Thal liegt, vgl. Beda de locis sanctis c. 10: urbs ipsa condita in campo, in der fast 4 Stunden breiten Ebene des Ghor cf. Deuter 34, 3 („latitudinem campi Iericho") und Iosua 4, 13; 5, 10 („per plana atque campestria urbis Iericho"). Eminerat ist entstanden aus eminus erat (emin; erat), welches ebenso gebraucht ist wie non longe est bei Petrus Diaconus, in der Ausgabe Gamurrinis S. 122, 1: et non longe est martyrium sancti Stephani inde; ib. Zeile 2 v. u.: Non (nam ist Druckfehler) longe autem inde est ecclesia; S. 124, 19: non longe autem inde mons est; S. 125, 1: non longe vero ab Ebron est sepulchrum Abner; S. 128, 18: non longe autem ab Iericho est locus; S. 129, 11: non longe vero ab eodem monte fons est u. s. w. oder prope est bei Theodosius de terra s. c. XIII: et ibi prope est spelunca. Vgl. longe es a iustitia Lucif. Cal. 104, 28 und Arnob. 241, 13: magis esse ab his longe (W. Hartel a. a. O. S. 25.) Daß eminus esse von der Entfernung eines Ortes vom andern wirklich gebraucht wurde, zeigt das bei Georges[7] s. v. eminus angegebene Beispiel: Auct. b. Ps. Ascon. Cic. II. Verr. 1, 125: eminus est Vulturnus Capua tria milia passuum.

Wir schreiben also sed et Iericho, que trans Iordanem tantum eminus erat, quantum excelsus locus, ubi stabamus, wobei natürlich die Entfernung vom Jordan gemeint ist. Daß in der That die Entfernung so ziemlich die gleiche ist, lehrt Antoninus Martyr de locis sanctis cap. X: De Iordane usque ad locum illum, in quo Moyses de corpore exivit, sunt millia octo et exinde non multum longe ad Segor. und ib. c. XIII: de Iordane usque ad Iericho sunt milia sex nebst Hodoeporicum s. Willibaldi c. XVII: perrexerunt ab (lies ad) Iericho super VII milliaria ab Iordane.

S. 49, 3: Nunc autem ibi nichil aliud est, nisi tantum unus lapis ingens Thebeus, in quo sunt duae statuae exclusae. Meine Vermutung, daß excusae zu schreiben sei, finde ich bestätigt durch Sittls gleichlautenden Vorschlag a. a. O. Weiter unten Zeile 19 muß es dann heißen: Ipse ergo — singula ibi ostendit seu retulit de illas statuas, quas dixi, während überliefert ist de illa statua.

Vergl. Itin. Burdig. 421: Est et non longe de statuas lapis pertusus.

S. 50, 6: Nos autem inde iam remisimus milites, qui nobis pro disciplina Romana auxilia prebuerant, quandiu per loca suspecta ambulaveramus. Iam autem (so steht in der Handschrift, nicht wie die zweite Ausgabe angibt iter) quo ei iam ager publicus erat per Egyptum, quod transiebatur per Arabiam civitatem, id est, quod mittit de Thebaida in Pelusio, et ideo iam non fuit necesse vexare milites.

G. der neuerdings iam statt iter liest (a und t sind einander sehr ähnlich, also iā und it leicht zu verwechseln), will nun auch quo ei iam aufrecht erhalten, indem er behauptet, ei sei = ivi, was erst zu beweisen wäre.

Nach ambulaveramus ist Komma zu setzen und aus quo ei iam ist quoniam iam herzustellen (G. in der ersten Ausgabe quoniam ibi iam), so daß die Stelle lautet: „Wir aber schickten von da jetzt die Soldaten zurück, welche uns nach römischem Brauch Schutz gewährt hatten, solange wir durch verdächtige Gegenden gereist waren, jetzt aber (schickten wir sie zurück), weil wir jetzt die durch Ägypten führende Heerstraße erreicht hatten."

Während die frommen Reisenden von Clysma (Suez) bis Arabia vier Tage lang durch die Wüste gezogen waren, erreichten sie in Arabia die von der Thebais nach Memphis und von da über Babylonia, Heliopolis, Arabia, Tanis nach Pelusium führende Hauptstraße. Über ager publicus ist bereits oben gesprochen worden. Statt quod transiebatur ist zu lesen quod transiebat nach S. 59, 4: Nam et certa via, quam videtis transire inter fluvium Iordanem et vicum istum, haec est und Petr. Diac. S. 132, 1 (G.): Iuxta cuius ecclesiae parietes via publica transit.

Obwohl ager publicus vorausgeht, steht doch das Neutrum quod, als ob iter das Beziehungswort wäre, wenn nicht vielleicht dies Neutrum auf falscher Auflösung einer Abkürzung beruht und doch qui zu schreiben ist. Auch zu quod mittit de Thebaida in Pelusio dürfte eine erklärende Bemerkung nicht überflüssig sein. Es bedeutet „welcher führt" = ducit bei Beda de locis sanctis c. VIII: via regia, quae ab Helia Ebron ducit und steht auch S. 39, 28: et mare illud Parthenicum, quod mittit Alexandriam und Petrus Diac. S. 137, 9: nam portus est ibi clausus, qui portus mittit ad Indiam.

S. 52, 12: Hic est ipse locus, ubi benedixit sanctus Moyses homo de filio Israel hat jetzt G. die von mir Archiv IV S. 613 vorgeschlagene und begründete Emendation homo Dei unter Berufung auf Deuteronom. XXXIII, 1 in den Text aufgenommen.

S. 52, 26: Euntibus nobis commonuit presbiter loci ipsius quem (statt des handschriftl. quae, so auch G. zweite Ausgabe und Sittl) ipsum nobiscum rogantes moveramus de mansione, quia melius ipsa loca noverat. Dicit ergo nobis ipse presbiter u. s. w. Da durch dicit nur das am Anfang des Satzes stehende commonuit mittels des rekapitulierenden ergo wieder aufgenommen wird, so ist nach uoverat statt des Punktes ein Komma zu setzen.

S. 53, 26: qui (mons Nabaú) erat valde excelsus, ita tamen ut pars eius maxima sedendo in asellis possit subiri: modice autem erat acrius, quod pedibus necesse erat subiri cum labore. Vgl. Hieronymi Peregrinatio s. Paulae (Tobler-Molinier) IV, S. 31: femina nobilis, que prius eunuchorum manibus portabatur, asello sedens profecta est. Statt modice ist modicum zu lesen: ein kleiner Teil aber war steiler, welchen man zu Fuß besteigen mußte.

S. 53, 30 f. erzählt uns die Pilgerin von ihrem Besuch des Berges Nebo und der dortigen Kirche: Intra quam ecclesiam in eo loco, ubi pulpitus est, vidi locum modice quasi altiorem, tantum hispatii habentem, quantum memoriae solent habere. Tunc ergo interrogavi illos sanctos, quidnam esset hoc.. Qui responderunt: Hic positus est sanctus Moyses ab angelis, quoniam, sicut scriptum est, sepulturam illius nullus hominum scit, quoniam certum est eum ab angelis fuisse sepultum. Nam memoria illius, ubi positus sit, in hodie non ostenditur; sicut enim nobis a maioribus, qui hic manserunt (= gewohnt haben, vgl. Rönsch, Semasiol. Beitr. III, S. 57), ubi ostensum est, ita et nos vobis monstramus; qui et ipsi tamen maiores ita sibi traditum a maioribus suis esse dicebant. Daß die Stelle in dieser Fassung verständlich sei, wird wohl niemand behaupten. Am leichtesten ist die richtige Emendation für die verderbte Stelle, sicut enim nobis a maioribus — ubi ostensum est, ita u. s. w. zu finden; es ist nämlich das in der vorausgehenden Zeile stehende positus sit vom Kopisten ausgelassen worden und nach ubi einzusetzen, also: sicut enim nobis a maioribus — ubi positus sit, ostensum est. Derselbe Ausdruck für die Beisetzung findet sich auch S. 62, 18: ubi corpus illius integrum positum est und S. 62, 20: ubi nunc ecclesia est, in qua positum est corpus ipsius sancti martyris. Aber auch so ist die Stelle sinnlos; denn was ist das für eine Logik: „Hier ist Moses begraben; denn sein Grab wird bis zum heutigen Tag nicht gezeigt; denn wie es uns von unseren Vorfahren gezeigt worden ist, so zeigen wir es euch."? Deuteron. XXXIV, 6 wird vom Grab Mosis gesagt: Et non cognovit homo sepulchrum eius usque in praesentem diem, was in der unserer Verfasserin vorliegenden Bibelübersetzung gelautet zu haben scheint: Et sepulturam illius nullus hominum scit. In der That lautete die Stelle so in vorhieronymianischen Bibelübersetzungen; Sabatier (Bibliorum sacrorum Latinae versiones antiquae seu vetus Itala) führt als versio antiqua an: et nemo scit sepulcrum eius usque in diem istum und führt in den notae ad versionem antiquam den Vers genau in der von mir postulierten Form an aus Ambros. l. I de Cain et Abel c. 2, to. I 186 d: Quia nemo scit sepulturam eius usque in hodiernum diem. Da nun die Mönche der frommen Pilgerin das Grab Mosis trotzdem zeigen, so müssen sie des entschiedenen Widerspruchs der bibelfesten Dame gewärtig sein, die an jeder historischmerkwürdigen Stätte sich und ihren Begleitern stets die darauf bezügliche Stelle der hl. Schrift vorlesen ließ. Dem wird durch eine künstliche Interpretation der Bibelstelle vorgebeugt. Das Wort sepultura ist nämlich ebenso wie das ταφή der Septuaginta doppeldeutig; es bedeutet zunächst abstrakt ‚die Bestattung'; daß es aber auch als Konkretum im Sinn von ‚Grab' gebraucht wurde, zeigt Petrus Diac. de locis sanctis, S. 25 (Riant): sepultura autem, in qua ponere eum (filium viduae) volebant, usque hodie est; Cassian. conl. VI, 1 § 2: dum pia inter se devotione decertant, quinam iustius eorum sepulturam ac reliquias possiderent. Greg. Tur. gl. conf. c. 45, S. 776, 1: Martinus eum noster sepulturae locavit und ib. c. 83, S. 801, 24: Implevitque duas ampullas vino et posuit super unumquodque tumulum dicens: In quo Falerna fuerint ampliata, ipsam manifestum est esse Valeri antistitis sepulturam und S. 802, 4: per hoc enim cognovit sacerdos, quis esset Valeri episcopi tumulus. De virt. s. Iuliani c. 15, S. 567, 11: parentes quoque illius, qui virtute sancti retenebatur, cognoscentes martyris sepulturam devotis multis muneribus pro filio exorabant und c. 24 S. 575, 4: ingredimur basilicam, adoramus sacrosancti martyris sepulturam. Den Mönchen aber ist hier natürlich nur mit der abstrakten Bedeutung gedient, und aus dem so gewonnenen Satz: „Bei seiner Bestattung ist kein Mensch Zeuge gewesen," aus dem ja als selbstverständlich hervorgeht, daß ihn auch kein Mensch bestattet haben kann, wird dann gefolgert: „Hat ihn kein Mensch begraben, so haben ihn die Engel begraben." Daß es in der angeführten Schriftstelle heißt: Et dominus sepelivit eum läßt sich ja damit vereinigen, wenn man die Engel als Werkzeuge Gottes betrachtet.

„Die heilige Schrift sagt also nur, so erklären die Mönche, daß kein Mensch Zeuge seiner Bestattung (sepultura) gewesen sei, nicht etwa daß sein Grab unbekannt sei; denn sein Grab (memoria, durch den Zusatz ubi positus sit von dem als Abstractum gefaßten sepultura scharf geschieden) wird ja thatsächlich bis auf den heutigen Tag gezeigt." Deshalb ist non vor ostenditur zu streichen.

Daß sie sein Grab auf dem Berg zeigen, während die hl. Schrift ausdrücklich sagt: Et sepelivit eum in valle terrae Moab, stört die frommen Mönche ebensowenig, als die modernen Ciceroni sich durch ähnliche Widersprüche beirren lassen. Auch die fromme Silvia scheint durch die Sicherheit, mit der die Mönche ihre Behauptung vertraten, zufriedengestellt worden zu sein; sie fügt wenigstens keine Äußerung des Zweifels hinzu, während sich S. 69, 1 f.: nam duxit nos statim ad ecclesiam, quae est foras (= foris vgl. Rönsch, Ital. und Vulg. S. 340 und Semasiol. Beitr. II S. 69) civitatem in eo loco, ubi fuit domus sancti Abrahae, id est in ipsis fundamentis et de ipso lapide durch den Zusatz ut tamen dicebat sanctus episcopus eine leise Skepsis verrät.

S. 53, 14: Ibi ergo inter ecclesiam et monasteria, in medio fluit de petra aqua ingens — saporis (cod. soporis) optimi. Das

Komma ist zu tilgen, da inter ecclesiam et monasteria in medio, in der Mitte zwischen der Kirche und den Einsiedeleien zusammengehört.

S. 55, 9: Certe locum videremus, columnam nullam vidimus. G. hat in der zweiten Ausgabe richtig nach locum cum eingesetzt. Darauf führt auch die handschriftliche Überlieferung cum mit darübergeschriebenem lo hin. Unrichtig ist der Vorschlag Sittl's a. a. O. certe locum videramus, columnam nullam vidimus, da nicht ersindlich ist, weshalb das erste Mal das Plusqpstt. stehen sollte, und die asyndetische Entgegensetzung gegen den Sprachgebrauch ist.

S. 56, 7: Sane illa parte montis, quam dixi sinistra — ostensus est nobis mons precisus valde. Nach S. 56, 1: de eodem loco ostensa est nobis a contra Fogor ist nach sane ‚de' einzusetzen. Vgl. S. 54, 13: de summitate ipsa — attendite et videte; ib. 16: nam de hostio ecclesiae vidimus locum.

S. 56, 21: Itaque ergo profecta sum de Ierusolima cum sanctis, qui tamen dignati sunt itineri meo comitatum praestare, et ipsi tamen gratia orationis. Habens ergo iter ab Ierusolima usque ad Carneas eundo per mansiones octo. Carneas autem dicitur nunc civitas Iob, quae ante dicta est Dennaba in terra Ausitidi in finibus Idumeae et Arabiae. In quo itinere hiens vidi u. s. w. Das Ganze ist ein Anakoluth; die Anfangsworte Itaque ergo profecta sum de Ierusolima werden nach der längeren Unterbrechung mittelst des rekapitulierenden ergo wieder aufgenommen durch habens ergo iter, dann ist der parenthetische Satz Carneas—Arabiae eingeschaltet und dann nochmals der Vordersatz aufgenommen durch: in quo itinere hiens. Man setze also vor habens ergo Doppelpunkt, Carneas—Arabiae in Parenthese und dann Doppelpunkt.

S. 57, 6: In eo ergo vico, qui est in media planitie positus, in medio loco est monticulus non satis grandis, sed factus sicut solent esse tumbae, sed grandis; lies grandes (Sittl a. a. O.) Zu den Worten sed grandes vgl. S. 73, 12: qui locus est ultra civitatem in colle, sed plano.

Nach 57, 6 ist auch 58, 8: nam in isto colliculo, qui est medio vico positus, in summitatem ipsius fabricam, quam vides, ecclesia est vor medio ‚in' einzusetzen. Vgl. auch S. 48, 1: Soccboth autem est clivus modicus in media valle.

Man hüte sich fabricam in den Nominativ umändern zu wollen; es ist vielmehr die gleiche Attraktion des Kasus wie S. 66, 20: Nam monticulum istum, quem vides, filia, super civitate hac, in illo tempore ipse huic civitati aquam ministrabat. Hier ist wegen der Attraktion das Subjekt durch ipse wiederaufgenommen So ist auch S. 58, 27: Ecce ista fundamenta in giro colliculo isto, quae videtis, hae sunt de palatio regis Melchisedech ‚ista fundamenta' als Akkusativ zu fassen.

Beachtung verdient ecce ista (ecce iste = questo); ich vermute, daß dies auch S. 59, 4 herzustellen ist. Statt „nam et certa via,

quam videtis transire inter fluvium Iordanem et vicum istum" ließ:
Nam ecce ista via u. f. w.

Daß S. 58, 6 und 10 Melchis et haec = Melchisedech ist
(haec est civitas regis Melchis, et haec quae dicta est ante Salem
und quae ecclesia nunc appellatur greco sermone opu Melchis. Et
haec nam hic est locus, ubi optulit Melchisedech hostias Deo puras),
habe ich bereits Archiv IV, S. 613 nachgewiesen; trotzdem steht das
sinnlose Melchis et haec auch im Text der zweiten Ausgabe. Ebenso
steht S. 84, 19: tulerunt Dominum in templo Ioseph et Maria, et
viderunt eum Symeon vel Anna prophetissa, filia Samuhel, obwohl
im cod. Famuhel = Fanuel steht; vgl. Luc. II, 36: Et erat Anna
prophetissa filia Phanuel.

S. 58, 23: nam hoc de ipso dicebant, dignus qui presit in
hoc loco, ubi Melchisedech ad venientem (so in der 2. Ausg. statt
advenientem) sanctum Abraam hostias Deo puras obtulit. Unzweifel=
haft ist zu lesen advenientem s. Abraam, = adveniente mit para=
sitischem m, wenn man nicht Acc. abs. annehmen will. Nach dignus
ist est einzusetzen; vgl. S. 64, 10: ut vere digna est esse domus Dei.

S. 59, 1: Nam inde adhuc sic si quis subito iuxta sibi vult
facere domum et fundamenta, inde contiget, aliquotiens et de argento
et heramento (= aeramento) modica frustella ibi invenit. Sic ist
zu streichen als Dittographie von si, das Komma vor inde ist zu
tilgen; fundamenta inde = fundamenta eius (Vgl. Rönsch, Semasiol.
Beitr. II, S. 71); statt contiget ist vielleicht continget zu schreiben.

S. 59, 16: ubi ostendit nobis in medio fontem aquae optime
satis et pure, quia semel integrum fluvium dimittebat. „Dort zeigte
er uns in der Mitte (des Gartens) eine Quelle sehr guten, reinen
Wassers, weil dieselbe auf einmal einen ganzen (entière — integre
in dieser Bedeutung siehe Rönsch a. a. O. II, S. 72) Fluß entsandte."
Wenn man auch den Kausalsatz nur zu optimae satis et purae be=
zieht (welches sehr gut und rein war, weil u. f. w.), so ist doch der
Gedanke ein schiefer, weil die Menge (Quantität) des Wassers un=
möglich der Grund für seine Güte (Qualität) sein kann. Man könnte
versucht sein quia einfach in qui zu ändern, wenn nicht eine andere
Stelle, S. 66, 25: statim hii fontes, quos vides in eo loco, iusso
(= iussu) Dei a semel eruperunt eine sichere Handhabe für die rich=
tige Deutung böte. Gamurrini freilich ist rasch mit der Vermutung
a semet bei der Hand, ja er nimmt sie sogar in den Text auf,
während er die erste Stelle unberührt läßt. A semet soll wohl be=
deuten „von selbst"; aber das steht ja in offenbarem Widerspruch
mit iusso Dei. Es ist an der zweiten Stelle, S. 66, 25, nicht nur
nichts zu ändern, sondern sogar nach ihr auch S. 59, 16 herzustellen
qui a semel integrum fluvium dimittebat. A semel ist nämlich das=
selbe wie das sonst bekannte de semel, worüber zu vergleichen ist
Roensch, Itala und Vulgata S. 232: Ies. 66, 8: nata est gens de
semel (εἰς ἅπαξ), Rufin. hom. Orig. in Exod. X, 3 und die Nach=
träge dazu in den Semasiol. Beiträgen II, S. 64: De semel = auf

einmal Iren. interpr. II, 19, 5: semel enixionem debebat fecisse, quorum de semel conceperat figuras; II, 28, 4: profertur (verbum) non de semel. . . . sed per partes.

Die lateinische Übersetzung des Jrenäus stammt bekanntlich aus Gallien, Rufinus von Aquileia aber war nicht nur ein Zeitgenosse, sondern auch ein intimer Freund der Silvia, vgl. die überzeugenden Darlegungen Gamurrini's in Studi e Documenti di storia e diritto anno VI (1885), S. 160 ff., die ihn, wie er selbst schreibt (praef. in libros recognitionum ad Gaudentium) zur Übersetzung des Clemens anregte.

Eine ähnliche Zusammensetzung mit semel ist (Roensch, Itala. S. 234) in semel, Flor. I, 1, § 3, während per semel zu streichen ist, da Scribon. Larg. XXV. (ed. Helmreich) per se mel Atticum steht. Auch adsemel Greg. Tur H. F. IV, c. 31, S. 167, 9 ist hier zu erwähnen. Über diese und ähnliche Bildungen vgl. Bonnet, Le Latin de Grégoire de Tours p. 484 und Anm. 1. Zufällig handelt es sich auch bei Gregor a. a. O. um das plötzliche Hervorbrechen von Wasser: Commotumque montem, qui descenderat, ad semel erupit. So steht also a semel neben de semel, wie a foris und a longe. (Rönsch a. a. O. S. 231) neben de foris und de longe (S. 232), a retro (S. 234) neben de retro (S. 232), a contra in unserer Peregrinatio S. 55, 15 und 56, 2 neben sechsmaligem de contra (die Stellen gesammelt bei Wölfflin a. a. O. S. 268).

S. 61, 14: Qui fodientes in eo loco, qui ostensus fuerat, invenerunt speluncam, quam sequentes fuerunt forsitan per passus centum, quo et subito fodientibus illis adparuit lapis.

Sequentes fuerunt kann unmöglich für secuti sunt stehen; vielmehr ist zu schreiben foderunt, woraus um so leichter fuerunt entstehen konnte, als möglicherweise im Archetypus fuderunt stand (vgl. Greg. Tur. H. Fr. IV. c. 28, S. 164, 14: suffussus = suffossus). An der dreimaligen Wiederkehr von fodio wird niemand, der einige Seiten in unserer Schrift gelesen hat, Anstoß nehmen (vgl. z. B. Petrus Diac. S. 39: Montes vero cum maximo labore ascenduntur, quoniam non ascenduntur per girum in coeleis (cochlea = Wendeltreppe belegt bei Rönsch, Semasiol. Beitr. I, S. 15), sed directe ascenduntur, ac si per parietem et directe descenduntur). Statt et subito ist ad subito zu emendieren, vgl. S. 61, 6: Ac sic ergo facientes iter singulis diebus ad subito de latere sinistro — apparuit nobis mons; S. 61, 14: ac sic ergo euntes aliquandiu — ad subito vidimus civitatem; S. 66, 9: quod cum dixisset, — ad subito tantae tenebrae factae sunt; auch Rozières, form. S. 785 steht ad subitum; Vita s. Geretrudis (Mon. Germ. script. rer. Mer. II), S. 466, 16: tunc mirum in modum cumsubito viderunt liberatum ipsum monasterium. Vgl. auch Bonnet, Le Latin de Grégoire de Tours p. 484 Anm. 1.

S. 61, 16 hat G. folgende Interpunktion: quem lapidem cum perdiscoperuissent, invenerunt sculptum in coperculo Iob: cui (cod.

qui) Iob ad tunc in eo loco facta est ista ecclesia, quam videtis. Ita tamen., ut lapis cum corpore non moveretur in alio loco, sed ibi, ubi inventum fuerat, corpus positum esset, et ut corpus subter altarium iaceret.

Nach Iob und videtis sind Kommata zu setzen, da das Verbum zu ita tamen ‚facta est' ist. Dann ist zu schreiben: ita tamen, ut lapis cum corpore non moveretur in alio loco, sed ibi, ubi inventum fuerat corpus, positus esset (die Abkürzung für us und um ist auch S. 43, 14 verwechselt), et ut corpus u. s. w. Die Wiederholung von corpus nach et ut erklärt sich nur dann, wenn in dem Satz corpus als neues Subjekt eintritt statt des Subjektes lapis.

S. 63, 17: itaque ergo quoniam necesse erat cum navibus transire, et navibus nonnisi maioribus, ac sic immorata sum ibi forsitan plus media die: et inde in nomine Dei transito flumine Eufraten ingressa sum fines Mesopotamiae Siriae. Die Logik erfordert ac sic immorata sum ibi als Nachsatz zu fassen; nur so läßt sich auch et vor inde erklären. Auf dies die Apodosis beginnende ac sic ist bereits oben S. 14 aufmerksam gemacht worden unter Hinweis auf S. 82, 5 und 83, 12. Auch S. 50, 21 ist nachzutragen: Et licet ea loca, ut superius dixi, iam nossem, id est quando Alexandriam vel ad Thebaidem fueram, tamen quia ad plenum discere volebam loca, quae ambulaverunt filii Israel proficiscentes ex Ramesse usque ad montem Dei sanctum Syna: ac sic necesse fuit etiam denuo ad terram Gessen reverti.

S. 64, 6: Itaque ergo iuxta consuetudinem factis orationibus, et cetera quae consuetudo erat fieri in locis sanctis: nec non etiam et aliquanta ipsius sancti Thomae ibi legimus. Interpungiere: Itaque — factis orationibus: et cetera — sanctis nec non etiam et aliquanta — legimus. Unmöglich kann der Nachsatz erst mit nec non etiam et beginnen, da sonst cetera nicht in die Konstruktion sich fügte; et — nec non etiam et korrespondieren einander, der Nachsatz beginnt also mit et cetera, wozu als Verbum aus dem zeugmatisch nur zu dem zweiten Objekte passenden legimus ein fecimus zu entnehmen ist. Dann heißt es weiter: Ecclesia autem ibi, quae est ingens et valde pulchra et nova dispositione, ut vere digna est esse domus Dei statt: Ecclesia autem, ibi quae est, ingens et valde pulchra et nova dispositione et vere digna est esse domus Dei. Vgl. S. 72, 4: clerici de ipsa ecclesia, quae ibi est und S. 63, 10: et quoniam haec valde pulchra et opulenta est atque abundans omnibus.

S. 64, 12: Ac sic ergo vidi in eadem civitatem martyria plurima; nec non et sanctos monachos commanentes, alios per martyria, alios longius de civitate in secretioribus locis habentes monasteria. Man tilge das Semikolon nach plurima und schreibe nec non et sanctos monachos, commanentes alios per martyria, alios longius de civitate, in secretioribus locis habentes monasteria.

S. 64, 15: Et quoniam sanctus episcopus — ait michi: „Quoniam video te, filia, gratia religionis tam magnum laborem tibi imposuisse —: itaque ergo, si libenter habes, quaecumque loca sunt hic grata ad videndum christianis ostendimus tibi": tunc ergo (Gam. beginnt mit Tunc ergo einen neuen Satz, während es den Nachsatz zu et quoniam einleitet) gratias agens Deo primum et sic (= und dann, wie oftmals sonst in unserer Schrift, vgl. Rönsch, Semasiol. Beitr. II, S. 81) ipsi (die Handschrift und der Text G.'s ipsum), rogavi plurimum, ut dignaretur facere, quod dicebat. Zu sic = deinde vgl. auch S. 96, 11: primum de fronte, sic de oculis tangentes crucem. Wir erwarten also hier nach Deo primum: „et sic ipsi", wie in ähnlichem Zusammenhang S. 43, 27: et licet semper Deo in omnibus gratias agere debeam —: tamen etiam et illis sanctis nec sufficio gratias agere und S. 72, 8: et Deo gratias agens et ipsis.

S. 65, 15: et ibi erant fontes piscibus pleni, quale ego adhuc nunquam vidi id est tantae magnitudinis, et vel tam perlustres aut tam boni saporis. Statt quale ist quales zu lesen, et vor vel ist in der Handschrift wieder ausgestrichen, also zu tilgen. Statt perlustres ist wohl praelustres zu lesen, cf. Georges s. v., zumal da es im Auszug des Petrus diaconus überliefert ist. S. 34: sed adeo est limpidus et prelustris et frigidus acsi mare Oceanum.

S. 66, 10: Quod cum dixisset — ad subito tantae tenebrae factae sunt foras (= foris vgl. Rönsch, Itala S. 340 und Semas. Beitr. III, 69), civitatem, tamen ante oculos Persarum. Lies: tantae tenebrae factae sunt, foras civitatem tamen, ante o. P. Es ist das ungemein häufig vorkommende restringierende tamen := quidem, vgl. z. B. S. 66, 16: sed (ut) custodirent civitatem per giro clusam hostibus, in miliario tamen tertio.

S. 67, 8: Illud etiam retulit sanctus episcopus, eo quod hii fontes, ubi e rupe ierunt, ante sic fuerit campus intra civitatem. Wölfflin a. a. O. S. 265 bemerkt dazu: ‚Rupes ist zwar noch nicht untergegangen (67), aber petra (la pierre) gewinnt doch sichtbar an Terrain, S. 40, 20: tamen petra ingens est; S. 42, 19: ostenderunt etiam petram ingentem, ad quam petram iratus fregit tabulas; S. 53, 2: si vultis videre aquam. quae fluit de petra und ib 15: fluit de petra aqua ingens, wozu S. 39, 5: mons petrinus.'

Aber die Ausnahme ist nur scheinbar, denn obwohl S. 65, 17 steht: nam ipsa civitas aliam aquam penitus non habet nunc, nisi eam, quae de palatio exit, muß doch nach S. 66, 25: ex ea die hii fontes, quos vides in eo loco, iusso Dei a semel eruperunt und S. 67, 14: sed postmodum quam hii fontes in eo loco eruperunt aus e rupe ierunt ‚eruperunt' hergestellt werden. Was sic nach ante bedeuten soll, weiß ich nicht zu erklären; vielleicht ist dafür hic zu schreiben.

Vgl. auch Hod. Willib. c. XVIII: ibi erumpebat fons — in imo montis.

S. 67, 13: nam consuetudo talis erat in illo tempore, ut palatia, quotiensque (lies quotienscumque nach S. 67, 6: quotienscumque voluerunt venire) fabricabantur, semper in editioribus locis fierent.

S. 67, 15: cuius archiotipa vides iuxta parte posita. Statt parte ist pariete zu lesen, wie ich schon Archiv IV S. 613 erwähnt habe.

S. 67, 20: Cum ergo venissemus ad portam ipsam, stans episcopus fecit orationem et legit nobis ibi ipsas epistolas, et denuo benedicens nos facta est iterata oratio. Lies iterato nach S. 52, 16: et iterato post lectione facta est oratio; S. 58, 18: et denuo facta oratione descendimus. Das Adverb iterato steht auch S. 39, 16: ubi fuit s. Moyses, cum iterato ascendisset in montem Dei und S. 43, 10: donec sanctus Moyses ascenderet in montem Dei et descenderet primum et iterato et denuo. Zu iterato vgl. Rönsch, Semasiol. Beitr. II, S. 73 und Ital. und Vulg. S. 342 und Greg. Tur. de miraculis Andreae S. 839, 12: ei nunc iterato commiscetur sowie Bonnet, Le Latin de Grégoire de Tours, p. 754, add. zu p. 200.

S. 68, 17: Ergo cum venissem, id est in Charra, ibi statim fui ad ecclesiam. Da ergo nie an erster, sondern stets an zweiter Stelle steht, da ferner durch id est ein vorausgehendes Wort erläutert werden muß, so muß notwendig vor ergo ein Wort ausgefallen sein. Daß dies kein anderes sein kann als ibi, zeigen Stellen wie S. 74, 15: ibi ergo cum venissem; S. 89, 15; ibi ergo cum venerit episcopus; S. 98, 3: et ibi cum ventum fuerit; S. 102, 27: ibi autem cum ventum fuerit. Es ist überhaupt in unserer Schrift ein fast stereotyper Satzanfang, den terminus quo an die Spitze zu stellen und darauf cum mit einer Form von venio folgen zu lassen, z. B. S. 91, 23; 100, 3 und 23; 102, 2 und 103, 14: ubi cum ventum fuerit; S. 82, 8: ubi cum perventum fuerit; S. 75, 14: ubi cum venissem; S. 64, 5: ubi cum pervenissemus; S. 45, 15: in Clesma autem cum venissemus; S. 89, 20: in Lazarium autem cum ventum fuerit; S. 92, 19: in qua ecclesia cum ventum fuerit; S. 103, 10: similiter ad Anastase cum ventum fuerit.

S. 70, 14: Et quoniam episcopus illius civitatis valde instructus et de scripturis requisivi ab eo u. s. w. Mit Recht hat G. in der zweiten Ausgabe statt et „est" geschrieben, vgl. S. 49, 18: nam et in scripturis Dei valde cruditus est und S. 50, 5: et ideo aut tam cruditus in scripturis est aut tam emendatus in omni vita sua. Die Umschreibung des Ablativs mit de findet sich ganz ähnlich S. 58, 20: Cum ergo descendissemus, ait nobis ille sanctus presbiter iam senior et de scripturis bene instructus; Pardessus, Diplomata Nr. 103a. 523: sint instructi ex necessitate tam de veteri testamento quam de novo; Greg. Tur. de mir. b. Andreae, c. 14, S. 834, 15: ubi per triduum instruxit illos de his, quae Dei erant; Greg. Tur. praef. S. 33, 13: artem de qua adplene non sum imbutus. Auch sonst wird in unserer Schrift der Ablativ durch de ersetzt, z. B. S. 94, 11: fatigati de vigiliis et ieiuniis cotidianis lassi; S. 96, 2: de manibus suis summitates de ligno sancto premet; S. 96, 11: primum de fronte, sic de oculis tangentes crucem; S. 96, 15: et cornu illud, de quo reges ungebantur, vgl. Antoninus Martyr de locis sanctis, c. XXII: in ipsa columna est cornu illud, de quo reges ungebantur. Ibi est — lancea, de qua in latere percussus et lapides multi, cum quibus lapidatus est Stephanus.

S. 71, 16: Nam nolo estimet affectio vestra monachorum aliquando aliquando alias.fabulas esse, nisi aut de scripturis Dei aut gesta monachorum. Die Anmerkung G.'s: Iterata est vox aliquando; fortasse supplendum: monachorum (dicta) aliquando (veracia), aliquando alias fabulas esse ist sicher unrichtig. Das doppelte aliquando ist ein Versehen des Abschreibers, wie auch S. 104, 5 eine Dittographie vorkommt, nur daß der Kopist dort sein Versehen noch bemerkt und das zweite clerici autem durchstrichen hat (von G. übersehen); zu ergänzen ist nichts, sondern fabula bedeutet einfach Gespräch, wie z. B. bei Greg. Tur. H. Fr. II, 32, S..95, 3: erat enim iocundus in fabulis. So erklärt auch Sittl a. a. O. die Stelle.

S. 74, 8: Quae me cum vidisset, quod gaudium illius vel meum esse potuerit? nunquid vel scribere possum? Hier ist das Fragezeichen nach potuerit durch ein Komma zu ersetzen, da quod — potuerit ein von nunquid vel scribere possum abhängiger indirekter Fragesatz ist. Zu nunquid vgl. S. 83, 5: Numerus autem vel ponderatio de ceriofalis vel cicindelis aut lucernis vel diverso ministerio nunquid vel estimari aut scribi potest? und Bonnet a. a. O. p. 324 und Anmerk. 4. Bei ministerium = Kirchengeräte wäre statt auf das concil. Valent. III vom Jahr 855 auf Eugipp. Vita Sever. c. 44, 1 und Greg. Tur. (siehe den Index von Krusch) hinzuweisen gewesen.

S. 77, 2: et de intro cancellos primum dicet (episcopus) orationem pro omnibus, commemorat etiam ipse nomina, quorum vult. Statt ipse nomina schreibe ipsa (= ea) nomina, da ja zu episcopus keine andere Person im Gegensatz steht.

S. 78, 21: et similiter ad manum episcopi (cod. eps.) acceditur sicut ad Anastasim: ita et ante Crucem: ita et post Crucem. Nach Anastasim und ante Crucem muß Komma gesetzt werden, da ita et dem sicut korrespondiert. Statt episcopus ist episcopo zu schreiben.

S. 80, 11: et accedet ad hostium et leget resurrectionem domnus episcopus ipse; so steht auch in der neuen Ausgabe wieder, obwohl ich schon in Wölfflin's Archiv IV, S. 613 die Stelle berichtigt habe. Nach S. 85, 9 und 103, 29 wo locum resurrectionis Domini steht, ist natürlich auch hier zu schreiben: resurrectionem Domini.

S. 80, 18: Et exeunte episcopo omnes ad manum accedunt. Nach S. 77, 12: et sic exiens de cancellis similiter ei ad manum acceditur, S. 78, 15: et incipient episcopo ad manum accedere singuli und S. 81, 15: egredienti autem episcopo omnes ad manum

3*

accedent ist zu lesen: et exeunti episcopo omnes ad manum accedunt. Zu dem absoluten Nominativ des Participiums auf S. 77, 12 vgl. S. 62, 7: et benedicens nos episcopus profecti sumus S. 67, 21: et denuo bendicens nos facta est iterato (cod. iterata) oratio und S. 69, 6: et sic bendicens nos episcopus egressi sumus foras. Vgl. auch W. Hartel, a. a. O. Archiv III S. 41. Dieselbe Participialkonstruktion findet sich häufig bei Gregor von Tours, z. B. de virtutibus S. Martini II, c. 4, S. 611, 7: et obdormiens visum est ei, tamquam si u. s. w., ib IV, c. 40: quidam — mane consurgens —, visum est ei, quasi u. s. w.

Vit. patrum VIII, c. 7, S. 697, 22: et post paulum obdormiens, apparuit ei vir beatus; glor. conf. c. 64, S. 786, 13: tunc increpans subdiaconum, emendata sunt, und besonders häufig in der Schrift de miraculis b. Andreae, z. B. c. 6, S. 830, 23: et exponentes omnem rei ordinem, ait beatus apostolus; c. 7, S. 831, 1: denique appropinquans portam Nicomediae, ecce efferebatur mortuus; c. 10, S. 831, 41: tunc praedicans in navi verbum Dei, credidit nauta in Dominum; c. 7, S. 831, 7: At illi prae timore nihil respondentes, a famulis apostolus haec audivit; c. 15, S. 834, 38: offerensque (= offerentesque) ei munera, rogabant; c. 20, S. 838, 7: et haec dicens, omnes qui aderant, responderunt; c. 23, S. 839, 18: et statim omnes vires perdebant accedens ad eam (= accedentes). Vgl. besonders Bonnet a. a. O. p. 665 ff.

S. 80, 18: Mox autem recipit se episcopus in domum suam. Etiam ex illa hora revertuntur omnes monazontes ad Anastasim. Lies: mox autem recipit se episcopus in domum suam, et iam ex illa hora revertuntur omnes monazontes. „Nicht sobald (kaum) zieht sich der Bischof in sein Haus zurück, und schon (sogleich) kehren auch alle zurück." Vgl. den ähnlichen Satz Vict. Vitens. persec. I, 51: quae ecclesia vix reserata est Zenone principe supplicante per patricium Severum, et sic universi ab exsilio redierunt. Etiam ist getrennt zu schreiben et iam wie S. 94, 19: Qui locus ad quod lectus fuerit, tantus rugitus et mugitus totius populi est cum fletu, ut forsitan porro ad civitatem — auditus sit. Etiam (lies et iam) ex illa hora hitur ad civitatem pedibus cum ymnis pervenitur ad portam; nach ymnis ist Komma zu setzen. „Auch von jener Stunde an zieht man zu Fuß in die Stadt" ist sinnlos, da man nicht schon auch früher dahin gezogen ist; es muß also heißen et iam. Ebenso ist noch an mehreren Stellen aus überliefertem etiam ‚et iam' herzustellen. S. 91, 7 ff.: Dicuntur et ibi ymni vel antiphonae aptae loco aut diei, (G.:) similiter et lectiones interpositae et orationes. Etiam (lies et iam) cum coperit esse hora undecima, legitur ille locus de evangelio, ubi u. s. w.

S. 94, 8: et omnis ipse locus perlegitur ibi, et fit denuo oratio. Etiam inde cum ymnis — in Gessamani pedibus cum episcopo descendent. Etiam inde cum ymnis u. s. w. könnte nur heißen: „Auch von da steigen sie nach G. hinab;" sie müßten also schon von einem anderen Ort dorthin hinabgestiegen sein. Da aber Gethsemane hier zum erstenmal genannt wird, ist zu lesen: et iam inde u. s. w.

S. 102, 28: benedicuntur cathecumini et sic fideles etiam. Inde descenditur cum ymnis. Mit et sic fideles schließt an zahlreichen Stellen der Satz. Man lese also — et sic fideles. Et iam inde descenditur, vgl. S. 102, 24: benedicuntur cathecumini, sic fideles; et hora i a m nona descenditur inde, wo jeder Zweifel ausgeschlossen ist, und S. 93, 28: et inde iam hora noctis forsitan sexta itur susum.

S. 106, 3: Etiam (lies et iam) quando completae fuerint septimanae quinque, a quo docentur, tunc accipient simbolum.

S. 102, 9: Postmodum fit ordine suo missa: offertur et ibi etiam: ut dimittatur populus, mittit vocem archidiacomus et dicet u. s. w. Es ist zu schreiben: Postmodum fit ordine suo missa, offertur et ibi, et iam ut dimittatur populus, mittit vocem archidiaconus. Iam ut ist sicher temporal (= cum iam in eo est, ut) in dem Augenblick wo; diese Bedeutung ist gesichert durch S. 39, 1: Lecto ergo ipso loco omni (cod. omnia) de libro Moysi et facta oblatione ordine suo ac sic communicantibus nobis, iam ut exiremus de ecclesia, dederunt presbiteri loci ipsius eulogias. Wahrscheinlich ist ut = dem temp. quemadmodum, das an mehreren Stellen unserer Schrift (gesammelt bei Wölfflin a. a. O. S. 274) gebraucht ist; mit iam ut vgl. mox ut und statim ut. So hat Gamurrini auch S. 89, 7 ff. falsch aufgefaßt, wenn er schreibt: At ubi autem ceperit se mane facere, sabbato illucescente offeret episcopus et facit oblationem mane sabbato, iam ut fiat missa. Mittit vocem archidiaconus et dicit: Omnes hodie hora septima in Lazario parati simus. Nach sabbato muß ein Punkt gesetzt und dann fortgefahren werden Iam ut u. s. w., oder Komma und et vor iam ut eingesetzt werden. Mittit vocem steht im gleichen Sinn auch S. 78, 10 und 13, S. 98, 7 und S. 90, 14. An letzterer Stelle geht den Worten mittit vocem ebenfalls ein Temporalsatz voraus: Cum ergo celebrata fuerint omnia iuxta consuetudinem in ecclesia maiore, et ante q u a m f i a t m i s s a, mittet vocem archidiaconus et dicit primum u. s. w.; ebenso S. 93, 12: Ibidem, antea autem quam fiat missa, mittet vocem archidiaconus et dicet.

Wenn Wölfflin a. a. O. (S. 273 f.) bei Besprechung des temporalen quemadmodum hinzufügt: „Nach diesem Vorgang kann man sich auch quomodo als Temporalpartikel denken und kommt dadurch leicht zur Erklärung des franz. temporalen comme, so möchte ich doch erwähnen, daß dies postulierte quomodo sich wirklich findet bei Antoninus Martyr de locis sanctis c. XLVI, S. 117 (Tobler-Molinier): Quomodo venerit, pariter me sanavit; Descriptio terrae sanctae secundum Theodosium, S. 85: quomodó eam (columnam) amplexavit —, digiti in eam heserunt; Pardessus, Diplomata II Nr. 425 a. 692 (= Pertz I Nr. 61, S. 54, 47): Ideo per presenti urdenacione vobis omnino iubemmus, adque super omnia demandamus, ut, quomodo missi ipsius basileci domni Dionisii — ad vos venerint, ipsus soledus cento — eis omnemodis dare et adinplire faciatis. Theodosius de terra s., c. XVIII (S. 69): Ibi et statua salis est, in quam versa est uxor Loth, et quando (anbere Hdfchrft. S. 88 quomodo) crescit luna, crescit et ipsa, et quomodo minuitur luna, diminuitur et ipsa. Greg. Tur. de virt s. Martini IV c. 29, S. 656, 23: Dicit mihi, si aliquando ad basilicam beati Martini Turonus occurrissem. Dixi, quod, quomodo (cum 2, dum p) in Austria ambularem, sic ibi me praesentassem. Fredegar. II, c. 40, S. 65, 8: Aurilianus quomodo (cum: Hieronymus) adversus Christianus persecutione movisset, a fulmine occidetur. Vgl. auch W. Hartel, Archiv III, S. 30 und Bonnet a. a. O. p. 328.

Dagegen ist unter den von Wölfflin a. a. O. erwähnten temporalen Konjunktionen quemadmodum subito ($\dot{\epsilon}\pi\epsilon\dot{\iota}\ \tau\dot{\alpha}\chi\iota\sigma\tau\alpha$) zu streichen. S. 102, 16: Quemadmodum ergo subito (von G. richtig = subitum erklärt) fuerit in monte Oliveti, id est in Eleona, primum itur in Imbomon, id est in eo loco, unde ascendit Dominus in coelis. Subito = subitum, wie S. 80, 25 (si qui nolunt, revertuntur in domos suas et reponent se dormito) dormito = dormitum, und wie durch den Abfall des m und Verwandlung von m in o die Akkusative und Ablative der 2. Deklination häufig mit einander vertauscht sind. Gerade das Verbum subire wird in unserer Schrift vom Besteigen von Bergen sehr oft gebraucht, z. B. S. 37, 5: cum subissemus in illo; S. 37, 10: ante tamen, quam cum subeas; S. 37, 13: ante quam subeas; S. 38, 4: quoniam non eos subis lente et lente — sed totum ad directum subis ac si per parietem; S. 38, 10: cum ergo — persubissemus in ipsa summitate; S. 53, 27: ita tamen ut pars eius maxima sedendo in asellis possit subiri; S. 75, 5: subiens montem Taurum; S. 89, 24: subit presbiter in altiori loco.

S. 80, 29: et sunt omnia secundum consuetudinem, quae (cod. que) ubique fit die dominica. In der Handschrift steht nicht sunt, wie G. angibt, sondern fiunt, vgl. S. 88, 27: Item secunda septimana — et sexta similiter fiunt ut prima und S. 92, 15: Item tertia feria similiter omnia fiunt sicut secunda feria. Nach S. 81, 7: At ubi autem missa facta fuerit ecclesiae iuxta consuetudinem, qua et ubique fit: tunc de ecclesia monazontes cum ymnis ducunt episcopum usque ad Anastasim ist auch hier zu schreiben: secundum consuetudinem, qua et ubique fit.

S. 81, 9: Cum autem coeperit episcopus venire cum ymnis, aperiuntur omnia hostia de basilica Anastasis. Intrat omnis populus, fidelis tamen: nam cathecumini non. Et at ubi intraverit populus, intrat episcopus. Schreibe: Cum — Anastasis, intrat omnis populus, fidelis tamen, nam cathecumini non intrant, et adubi intraverit populus, intrat episcopus. Die Ergänzung von intrant nach non wäre nötig, auch wenn sie nicht durch S. 105, 18 empfohlen würde: nec non etiam qui volunt audire de plebe, omnes intrant et sedent, sed fideles; cathecuminus autem ibi non intrat, tunc qua episcopus docet illos legem. Zu der viermaligen Wiederholung von intrare vgl. S. 104, 1: Si autem dominica dies non est, tantum quod ymni vel antiphonae similiter de pullo primo usque ad lucem dicuntur in Anastase. Aputactitae omnes vadent: de plebe autem qui quomodo possunt vadent: clerici autem cotidie vicibus: vadent clerici autem de pullo primo, episcopus autem albescente vadet semper, ut missa fiat matutina cum omnibus clericis. Das zweite clerici autem ist Dittographie und als solche in der Handschrift durch ein dünnes Strichlein getilgt, was G. übersehen hat. Die Interpunktion ist folgendermaßen zu bessern: Si autem — in Anastase, aputactitae omnes vadent, de plebe autem qui quomodo possunt (vgl. S. 98, 14 qui ut possunt und S. 103, 24 qui prout potest) vadent, clerici autem cotidie vicibus vadent de pullo primo, episcopus autem albescente vadet semper, ut missa fiat matutina, cum omnibus clericis. Episcopus vadet semper cum omnibus clericis gehört zusammen nach S. 76, 16: ecce et supervenit episcopus cum clero.

Zu aperiuntur omnia hostia Anastasis vgl. Arculfus de locis sanctis I, c. 2: Hec bis quaternales portas habet.

S. 81, 19: Item et ad lucernares similiter fit iuxta consuetudinem cotidianam. Lucernare ist zu schreiben nach S. 77, 14; 81, 25; 83, 17; 86, 9.

S. 82, 2: Sic tamen in Syon (proceditur), ut ante quam sit hora tertia illuc eatur. Fiat primum missa in ecclesiam maiorem u. s. w. Nach eatur ist Komma zu setzen, da fiat von ut abhängig ist.

S. 82, 5: et quoniam per (in der Handschrift steht pro, was nicht zu ändern ist, da pro = propter gebraucht wird) monazontes, qui pedibus vadent, necesse est levius iri, lies lenius, cf. Georges s. v. leniter.

S. 83, 17: Alia denuo die similiter in ipsa ecclesia proceditur in Golgotha. Hoc idem et tertia die: per triduo ergo haec omnis (cod. homines) laetitia in ecclesia, quam fecit Constantinus, celebratur. Haec omnis laetitia, statt per homines laetitia (erste Ausgabe) hat G. mit Recht in der zweiten Ausgabe in den Text aufgenommen nach S. 84, 2: Ac sic ergo per octo dies haec omnis laetitia et is hornatus celebratur in omnibus locis sanctis und S. 84, 5: et ipsa laetitia celebratur a presbiteris et ab omni clero ipsius loci; vgl. Greg. Tur. de virt. s. Mart. III, c. 2, S. 632, 39: caelebratur cum gaudio sancta festivitas. Der Punkt nach Golgotha ist in ein Komma umzuändern; hoc idem ist offenbar = itidem, vgl. S. 86, 1: Haec ergo dum aguntur, facit se hora quinta. Lucernare hoc idem (= itidem) hora sua fit, sicut semper. Da bei Lucifer Calar. (siehe Hartel in Wölfflins Archiv III, S. 33) öfters totidem für itidem steht, das gleiche bei Commodian (Index von Petschenig) 5mal, bei Cassian (Index von Hartel) 2mal der Fall ist, so fragt sich, ob nicht vielleicht auch hier totidem zu schreiben ist.

S. 85, 7: Singuli autem dies singularum ebdomadarum aguntur sic, id est ut die dominica legat episcopus — de evangelio, sicut et toto anno dominicis diebus fiet: similiter usque ad lucem aguntur u. ſ. w. Von einem Futurum fiet kann hier keine Rede sein, einmal weil dies Tempus hier keinen Sinn hätte, sodann weil es in unserer Reisebeschreibung überhaupt nicht mehr gebraucht wird. An eine neugebildete Präsensform zu denken nach Analogie von vadet, dicet, mittet verbietet der Umstand, daß sehr oft die richtige Form fit vorkommt, beispielsweise auf der einen Seite 103 Zeile 8, 11 und 15. Ich vermute daher fit; et similiter. Vgl. S. 87, 9: Sexta feria autem similiter omnia aguntur sicut quarta feria, et similiter ad nonam in Syon itur: et similiter inde cum ymnis usque ad Anastase adducetur episcopus. S. 85, 15: Et similiter missa de ecclesia facta ad Anastase itur cum ymnis, sicut semper dominicis diebus fit. Auch S. 103, 12 ist statt: similiter fiet ad Crucem zu schreiben: similiter fit et ad Crucem.

S. 87, 1: Et omnia aguntur, quae consuetudo est ad nonam agi praeter oblatio; nam ut semper populus **discat** legem u. ſ. w. Die Endung nem von oblationem ist ausgefallen wegen des ähnlichen darauffolgenden nam; es ist also herzustellen oblationem.

S. 87, 5: Inde sic venitur, ut, cum intratur in Astase, iam et tota lucernari sic. Ließ: Inde sic venitur, ut cum intratur in Anastase, iam et hora lucernarii sit.

S. 87, 12: Sed sexta feria vigiliae in Anastase celebrantur ab ea hora, qua de Sion ventum fuerit, cum ymnis usque in mane, id est de hora lucernarii (so die Handschrift, nicht lucernari), quemadmodum intratum fuerit. In alia die mane, id est sabbato, fit autem oblatio in Anastase maturius, ita ut fiat missa ante solem. Die Interpunktion ist folgendermaßen zu ändern: Sed sexta feria vigiliae in Anastase celebrantur ab ea hora, qua de Sion ventum fuerit cum ymnis, usque in mane, id est de hora lucernarii, quemadmodum intratum fuerit, in alia die mane, id est sabbato. Fit autem oblatio in Anastase maturius, ita ut fiat missa ante solem. Daß qua de Sion ventum fuerit cum ymnis zusammengehört, sieht man am deutlichsten aus S. 88, 24: vigiliae in Anastase sunt de hora lucernarii sexta feria, quando de Syon venitur cum psalmis, usque in mane sabbato; S. 85, 15: ad Anastase itur cum ymnis. Vgl. auch S. 78, 16; 80, 16; 81, 8 und 92, 11. Zu der Zeitbestimmung, in welcher de und ab gleichbedeutend gebraucht werden, vgl. auch S. 90, 4: de sabbato enim usque in quinta feria — sex dies sunt; S. 92, 3: quae consuetudinis sunt de pullo primo agi usque ad mane; S. 93, 5: aguntur ea de pullo primo — usque ad mane. S. 95, 9: ut de ea hora usque ad sexta sanctum lignum crucis possitis videre; S. 97, 8: et de sexta usque ad nona nihil aliud fit. S. 98, 1: quae de hora nona — consueverunt agi usque ad sero: S. 100, 33: de pullo primo usque ad mane conusetudinaria aguntur; S. 104, 2: ymni — similiter de pullo

primo usque ad lucem dicuntur. Ab ist dagegen bereits im Rück=
gang begriffen, S. 92, 28: aguntur omnia per tota die a pullo
primo; S. 97, 15: ac sic ab hora sexta usque ad horam nonam
semper sic leguntur lectiones; S. 104, 10: id est ab hora prima
usque ad horam tertiam.

S. 87, 23: Quod autem dixi, maturius fit missa sabbato, id
est ante solem, propterea fit, ut citius absolvant hi, quos dicunt hic
domadarios. Da zwei Zeilen weiter unten steht: hii, quos appellant
ebdomadarios, id est qui faciunt septimanas, so muß auch oben ge=
schrieben werden: quos dicunt hic ebdomadarios.

S. 87, 27: Et quemadmodum prandiderint dominica die, iam
non manducant, nisi sabbato mane mox communicaverint in Anastase.
Man setze vor mox Komma, da mox = simulatque ist, wie S. 79, 16
und 105, 14. Weitere Belege habe ich gesammelt a. a. O. S. 614.

S. 88, 18: Esca autem eorum quadragesimarum diebus haec
est, ut nec panem, quod (cod. quid) liberari non potest (G. librari),
nec oleam gustent, nec aliquid, quod de arboribus est, sed tantum
sorbitione modica de farina (der Ablativ sorbitione = Akkusativ).
Was G. mit seiner Konjektur librari im Sinn hat, verstehe ich
nicht. Vielleicht ist zu schreiben: ‚quo liberari non potest'. Der
Zusammenhang ist dann folgender: Während das „Wieviel" des
Fastens (ob einer vom Sonntag bis zum Samstag fasten will, oder
dazwischen am Donnerstag Speise zu sich nimmt, oder an jedem
dritten Tag oder täglich nur am Abend) jedem der Apotaktitae frei=
gestellt ist (vgl. S. 88, 16: nemo autem exigit, quantum debeat
facere, sed unusquisque, ut potest, id facit), ist das „Wie" des
Fastens fest geregelt, gibt es von den verbotenen Speisen, zu denen
selbst Brot, Öl und Baumfrüchte gehören, keinen Dispens. Quo
liberari non potest heißt also „und davon kann nicht dispensiert
werden." Daß die Asceten im Jordanthal nicht nur in der Fasten=
zeit, sondern überhaupt kein Brot aßen, bezeugt Palladius, hist. Laus.
c. 112; dagegen war ihnen der Genuß der Baumfrüchte gestattet.
Vgl. auch was c. 77 vom Abt Posidonius erzählt wird. Ebenso
berichtet Palladius c. 74 vom Abt Pityrion, gleichfalls in der Thebais,
er habe nur zweimal in der Woche, am Sonntag und Donnerstag,
gespeist und zwar nur parvum farinae iusculum (Übersetzung von
Gentianus Hervetus Aurelius); c. 70 berichtet Palladius, daß viele
der Schüler des Ammonius weder Brot noch Baumfrüchte aßen.

Die nächsten Worte der Handschrift lauten: quadragesimarum
sic fit, ut diximus. G. hat jedenfalls richtig vor quadr. Ieiunium
ergänzt; nur möchte ich nach ieiunium noch ergo einsetzen; vgl. den
rekapitulierenden Satz S. 87, 21: Sic ergo singulae septimanae
celebrantur quadragesimarum.

Der nächste Satz lautet dann bei Gamurrini: Et completo
earum septimanarum vigiliae, in Anastase sunt de hora lucernari
(cod. lucernarii) sexta feria — usque in mane sabbato. Auch hier
ist wieder eine Lücke anzunehmen: Et completo earum septimanarum

(ieiunio) *** (prima septimana) vigiliae in Anastase sunt de hora lucernarii u. ſ. w. In der Lücke muß geſtanden haben, wann außer der eigentlichen Faſtenzeit noch gefaſtet wurde, z. B. ſtets quarta feria et sexta feria, oder worin die Speiſe der Apotactitac nach Vollendung der 40 tägigen Faſtenzeit beſtanden hat. Dann fehlt ein überleitender Satz, in welchem der Übergang vom ieiunium zu den vigiliae hergeſtellt wird. Ferner muß vor vigiliae, prima septimana ausgefallen ſein, da Zeile 25 folgt: Item secunda septimana et tertia et quarta et quinta et sexta similiter fiunt, ut prima de quadragesimis.

S. 88, 27 — 89, 7 ſchreibt Gamurrini: Septima autem septimana cum venerit, — singulis diebus omnia quidem sic aguntur, sicut et ceteris septimanis, quae transierunt. Tantummodo quod vigiliae, quae in illis (sex ſteht hier noch in der Handſchrift, bei G. auch in der zweiten Ausgabe überſehen) septimanis in Anastase factae sunt, septima autem septimana, id est sexta feria, in Syon fiunt vigiliae iuxta consuetudinem eae (cod. ea), quae in Anastase factae sunt per sex septimanas. Dicuntur autem totis (cod. toti) singulis apti psalmi semper vel antiphonae tam loco quam diei.

Die ganze Stelle iſt folgendermaßen zu emendieren: Septima autem septimana cum venerit, — singulis diebus omnia quidem sic aguntur, sicut et ceteris septimanis, quae transierunt, tantummodo quod vigiliae [quae] in illis sex septimanis in Anastase factae sunt. Septima autem septimana <eadem die>, id est sexta feria, in Syon fiunt vigiliae iuxta consuetudinem eam, qua in Anastase factae sunt per sex septimanas. Dicuntur autem totis vigiliis apti psalmi semper vel antiphonae tam loco quam diei.

Vor tantummodo quod habe ich ein Komma geſetzt, weil durch dieſen Satz der vorausgehende eingeſchränkt wird „nur daß", ähnlich wie S. 91, 6: nam omnis populus semper presente episcopo iubetur sedere, tantum quod diacones soli stant semper. Ebenſo S. 104, 2: Si autem dominica dies non est, tantum quod ymni — similiter dicuntur in Anastase, aputactitae omnes vadent. Ähnlich ſind die Sätze mit nisi quod „außer daß" S. 39, 25; cum tamen ita infiniti essent, ut non me putarem aliquando altiores vidisse, nisi quod hic medianus eos nimium praecedebat und S. 63, 16: Ita enim decurrit (Eufrates) habens impetum, sicut habet fluvius Rodanus, nisi quod adhuc maior est Eufrates.

Autem (septima autem septimana) verträgt ſich nicht mit dem Relativum quae nach vigiliae; erſt durch Tilgung des letzteren wird ein verſtändlicher Sinn gewonnen.

Iuxta consuetudinem eam, qua findet ſeine Analogie in S. 101, 20: offertur iuxta consuetudinem, qua dominica die consuevit fieri und S. 104, 11: similiter et ad lucernare iuxta eam consuetudinem, qua (quam die Handſchrift und Gam.) consuevit toto anno fieri.

S. 90, 7: Alia ergo die, id est dominica, qua (ſo G., cod. quae) intratur in septimana paschali, quam hic appellant septimana maior, cele-

bratis de pullorum cantu eis (so Gam. mit Recht statt des handschriftlichen cantatis), quae consuetudinis sunt in Anastase vel ad Crucem,
usque ad mane agitur. Die ergo dominica mane proceditur iuxta
consuetudinem in ecclesia maiore. In dem ersten Satz vermißt man
das Subjekt. Gamurrini scheint quae consuetudinis sunt als solches
anzusehen; allein der Relativsatz gehört doch offenbar zu eis, und ihn
zugleich als Subjekt zu betrachten verhindert der Singular agitur.
Die Stelle ist darum folgendermaßen zu emendieren: Alia ergo die —
celebratis de pullorum cantu eis, quae consuetudinis sunt in Anastase
vel ad Crucem usque ad mane agi, die ergo dominica mane proceditur iuxta consuetudinem in ecclesia maiore. Quae consuetudinis
sunt (est) agi (fieri) ist eine öfters vorkommende Wendung; vgl.
über diesen Gebrauch des Genetivs Bonnet a. a. O. p. 553 u. A. 4;
ganz genau unserer Stelle entspricht S. 92, 3: item alia die, id
est secunda feria, aguntur, quae consuetudinis sunt de pullo primo
agi usque ad mane ad Anastase; S. 101, 18: aguntur etiam omnia,
quae consuetudinaria sunt agi; S. 64, 8: cetera, quae consuetudo
erat fieri in locis sanctis; S. 85, 13: et aguntur, quae dominicis
diebus consuetudo est agi; S. 87, 1: et omnia aguntur, quae consuetudo est ad nonam agi; S. 90, 21: et ibi completis, quae consuetudo est diebus dominicis fieri; S. 86, 15: quia consuetudo est
semper, id est toto anno, — ad nona in Syon procedi; S. 86, 7:
et aguntur, quae toto anno ad sextam solent agi; S. 97, 30:
aguntur ea, quae per ipsa septimana — consueverunt agi. Vgl. auch
S. 101, 20 und 104, 10. Sulp. Sev. dial. II, 1; usque in eam
horam, qua sollemnia populo agi consuetudo deposceret.

    S. 90, 14: Cum ergo celebrata fuerint omnia iuxta consuetu-
dinem — mittit vocem archidiaconus et dicit primum: Iuxta septimana omne, id est die crastino, hora nona omnes ad Martyrium
conveniamus, id est in ecclesia maiore. Offenbar liegt ein Verderbnis vor, indem iuxta wohl aus ista verschrieben ist. Der Unter-
schied zwischen hic, is und iste ist ja bereits ganz verschwunden;
vgl. Bonnet a. a. O. p. 300. Besonders auffallend tritt dies in
den Dialogen des Sulp. Sever. hervor. Ich führe aus unserer Schrift
statt vieler nur zwei Stellen an, S. 93, 13: Hora prima noctis
omnes in ecclesia, quae est in Eleona, conveniamus, quoniam maximus labor nobis instat hodie nocte ista und S. 107, 4: per istas
septem septimanas legem omnem edocti estis. Ich schlage also vor,
an obiger Stelle zu schreiben: Ista septimana omni, id est <de>
die crastino, hora nona omnes ad M. conveniamus. „In dieser
ganzen Woche, b. h. (und zwar) von morgen an, wollen wir alle
in der 9. Stunde im Martyrium uns versammeln."

    S. 90, 23: ut hora inchoante (cod. in quo ante) septima omnes
in ecclesia parati sint, quae est in Eleona, id est in monte Oliveti:
ibi est spelunca illa, in qua docebat Dominus; statt ibi ist ubi zu
schreiben. Vgl. S. 93, 22: omnes vadent in Eleona in ecclesia
ea, in qua est spelunca, in qua ipsa die Dominus cum apostolis

fuit; S. 99, 25: fiunt orationes tam in ecclesia, quae in Eleona est, in qua est spelunca, in qua docebat Iesus discipulos, tam etiam in Imbomon. Nach biefen beiden letzten Stellen muß auch S. 102, 25 emenbiert werden; statt der Überlieferung: cum ymnis itur ad illam ecclesiam, quae et ipsa in Eleona est, id est in qua spelunca sedens docebat Dominus apostolos muß geschrieben werden: id est in qua spelunca est, in qua sedens docebat Dominus apostolos.

S. 91, 12: et statim levat se episcopus, et omnis populus porro inde de summo monte oliveti totum pedibus itur. Nam totus populus ante ipsum cum ymnis vel antiphonis, respondentes u. f. w. Die Interpunktion ist folgendermaßen zu ändern: et statim levat se episcopus et omnis populus; porro inde de summo monte oliveti totum pedibus itur; nam totus populus ante ipsum <vadit> cum ymnis u. f. w.

S. 92, 7: et ibi usque ad horam primam noctis semper ymni et antiphonae dicuntur, lectiones etiam aptae diei et loco leguntur, interpositae semper orationes lucernarum. Etiam agitur, ibi cum cum ceperit hora esse. Der Satz etiam agitur hat kein Subjekt; orationes lucernarum ist ein befremdender Ausdruck; ich schreibe daher: — interpositae semper orationes. Lucernarium etiam agitur ibi, cum ceperit hora esse. Neben lucernare kommt auch lucernarium vor; benn S. 87, 14 und 88, 24 ist nicht, wie G. angibt, de hora lucernari, sondern de hora lucernarii überliefert. S. 100, 21: ea autem hora pervenitur ad Anastase, qua lucernarium fieri solet. Fit ergo lucernarium. Die Bemerkung Wölfflins a. a. O. S. 270 ist bemnach zu berichtigen.

S. 92, 12: In quo autem ingressus fuerit in Anastase, dicitur unus ymnus. In quo ist temporal statt ad quod S. 94, 17 ober ad ubi.

S. 93, 1: et legit illum locum, ubi Iudas Scariothes hivit ad Iudeos, definivit, quid ei darent; lies hivit ad Iudeos et definivit.

S. 93, 2: qui locus at ubi (= ad ubi) lectus fuerit, tantus rugitus et mugitus est totius populi, ut nullus sit, qui moveri non possit in lacrimis. In ea hora postmodum fit oratio, benedicuntur cathecumini, postmodum fideles, et fit missa. Es ist zu interpungieren: tantus rugitus et mugitus est totius populi, ut nullus sit, qui moveri non possit in lacrimis in ea hora. Postmodum fit oratio u. f. w. Die Zeitbestimmung (in ea hora) steht am Schluß des Satzes wie S. 83, 5: ministerium autem omne genus profertur illa die und S. 93, 14: quoniam maximus labor nobis instat hodie nocte ista. Vgl. auch S. 97, 24: nam nullus est neque maior neque minor, qui non (so steht in der Handschrift, nicht in, wie auch in der zweiten Ausgabe G.'s wieder im Text steht) illa die illis tribus horis tantum ploret, quantum nec estimari potest; S. 102, 15: ita ut nullus christianorum remaneat in civitate, qui non omnes vadent. Der Ausdruck rugitus et mugitus kehrt auch S. 94, 17 wieder: Qui locus ad quod lectus fuerit, tantus rugitus et mugitus totius populi est cum fletu, ut forsitan porro ad civitatem gemitus populi omnis auditus sit.

S. 94, 1: Ac sic ergo cum ceperit esse pullorum cantus, descenditur de Imbomon cum ymnis et accedit eodem loco, ubi oravit Dominus. Lies: et acceditur.

S. 95, 7: Ite interim nunc unusquisque ad domumcellas vestras, sedete vobis et modico et ad horam — secundam parati estote hic. Man könnte glauben, nach et modico sei etwas ausgefallen, etwa resumite vos nach S. 102, 12: revertitur ergo omnis populus unusquisque in domum suam resumere se et statim post prandium u. f. w.; S. 93, 21: et sic unusquisque festinat reverti in domum suam, ut manducet; S. 82, 12: et vadent se unusquisque ad ospitium suum, ut se resumant, wenn nicht eben Karfreitag wäre, an dem gefastet wurde. Deshalb ist et vor modico zu tilgen. Vgl. S. 95, 17: inde reversi sedent modice in domibus suis.

S. 96, 7: et quoniam nescio quando dicitur quidam fixisse morsum et furasset sancto ligno: ideo u. f. w. G. schreibt fixisset, nach meiner Meinung ist fixisse richtig, statt furasset aber furasse de zu schreiben, da der Mann unmöglich das ganze Kreuzesholz mit den Zähnen festgehalten und gestohlen haben kann, sondern wohl nur ein Stück abgebissen hat. Wir erhalten dann ein drittes Beispiel des französischen Teilungsgenetivs (zu S. 39, 3: dederunt nobis — eulogias, id est de pomis und S. 42, 30: ubi de spiritu Moysi acceperunt septuaginta viri). Parasitisches t findet sich in unserer Handschrift auch S. 62, 6: sicut et faceret (statt facere) dignatus est und S. 97, 19: et sic per illas tres horas docetur populus omnis nichil factum esse, quod non prius dictum sit, et nichil dictum esset (statt esse) quod non totum completum sit.

S. 96, 13: at ubi autem osculati fuerint crucem, pertransierint, stat diaconus. Zwischen crucem und pertransierint ist et einzusetzen.

S. 97, 14: item legitur de prophetis, ubi passurum Dominum dixerunt: item legitur de evangeliis, ubi passionem dicit. Nach S. 97, 9: legitur primum de psalmis, ubicumque de passione dixit, legitur et de apostolo sive de epistolis apostolorum vel de actionibus, ubicumque de passione Domini dixerunt und S. 102, 22: legitur etiam et ille locus de evangelio, ubi dicit de ascensu Domini in celis ist zu schreiben: ubi de passione dicit.

S. 97, 29: at ubi autem missa facta fuerit de ante Cruce, statim omnes (nicht omnia, wie G. angibt) in ecclesia maiore ad Martyrium aguntur ea, quae — consueverunt agi. Nach omnes ist vadent (oder procedunt) et ausgefallen. Vgl. 101, 17: cum autem mane factum fuerit, procedit omnis populus in ecclesia maiore, id est ad Martyrium, aguntur etiam quae consuetudinaria sunt agi.

S. 98, 18: hoc solum hic amplius fit, quod infantes, cum baptidiati fuerint, et vestiti quemadmodum exient de fonte, simul cum episcopo primum ad Anastase ducuntur. Quemadmodum in der Be-

beutung von simulatque hat stets den Konjunktiv des Perfekts bei sich, z. B. S. 80, 3: et quemadmodum ingressus fuerit populus, dicet psalmum quicumque de presbiteris; S. 87, 14: (vigiliae celebrantur) de hora lucernarii, quemadmodum intratum fuerit, in alia die mane; S. 87, 26: et quemadmodum prandiderint dominica die, iam non manducant; S. 88, 2: ut alii, quemadmodum manducaverint dominica die, — iam non manducent; S. 101, 22: quemadmodum enim missa facta fuerit ad Martyrium, omnis populus — ducent; S. 102, 16: quemadmodum ergo subito (= suhitum) fuerit in monte Oliveti, — primum itur in Imbomon; S. 107, 13: post autem venerint dies paschae, per illos octo dies — quemadmodum missa facta fuerit de ecclesia et itur cum ymnis ad Anastase, mox fit oratio. Daher wird auch hier exient in exierint geändert werden müssen. Das Komma vor et vestiti ist zu tilgen und nach vestiti zu setzen: „Nur das geschieht hier noch mehr, daß die Kinder, wenn sie getauft und wieder angekleidet worden sind, sowie sie aus dem Wasser gestiegen sind, zugleich mit dem Bischof zuerst zur Anastasis geführt werden."

S. 99, 11: Hic autem ipse ornatus est et ipsa compositio et per octo dies paschae, quae et per epiphania. Ich vermutete: et ipsa compositio est per octo dies u. s. w.

S. 100, 1: inde usque ad Anastase cum ymnis descenditur hora lucernae; vielleicht hora lucernare (= lucernari). Vgl. S. 87, 5: iam et hora (cod. tota) lucernari.

S. 102, 1: omnis populus usque ad unum cum ymnis ducent episcopum in Syon: sed hora tertia plena in Syon sint. Nach sed ist ut ausgefallen: — in Syon, sed ut hora u. s. w. Vgl. S. 101, 21: sed eadem adcoleratur missa in Martyrium, ut ante hora tertia fiat.

Dann wird fortgefahren: Ubi cum ventum fuerit, legitur ille locus de actus apostolorum, ubi descendit spiritus, ut omnes linguae intellegerent, quae dicebantur. Die Abkürzung für — ur scheint der Abschreiber übersehen und so statt intellegerentur das Aktiv geschrieben zu haben.

S. 103, 25: Etiam postmodum ceteris diebus ita singula aguntur ut toto anno: id est semper de pullo primo ad Anastase vigiletur. Wie ist der Konjunktiv vigiletur zu erklären? Durch die verkehrte Interpunktion ist er ganz von der regierenden Konjunktion ut losgerissen; es ist also zu schreiben: Etiam postmodum ceteris diebus ita singula aguntur, ut toto anno, id est semper, de pullo primo ad Anastase vigiletur. Die uns überflüssig erscheinende Erklärung von toto anno durch semper findet sich, allerdings in umgekehrter Weise, auch S. 86, 14: quia consuetudo est semper, id est toto anno, quarta feria — in Syon procedi. Ebenso ist semper und toto anno verbunden S. 86, 9: sicut consuetudo est per totum annum agi semper in ipsis locis sanctis.

S. 105, 1: Et sic singulariter interrogat episcopus vicinos eius, qui intravit, — et singula vitia, quae sunt tamen graviora in homine, requiret, ut, si probaverit sine reprehensione esse de his omnibus — annotat ipse manu sua nomen illius. Statt ut ist et zu setzen.

S. 105, 19: Cathecuminus autem ibi non intrat, tunc qua (= quando) episcopus docet illos legem. Id est sic inchoans a genese per illos dies quadraginta percurret omnes scripturas primum exponens carnaliter et sic illud solvens spiritualiter. Da sich sic mit inchoans nicht verbinden läßt, so ist nach meiner Ansicht die ursprüngliche Lesart so herzustellen: Cathecuminus — docet illos legem sic, id est: inchoans u. s. w. Vgl. S. 85, 7: Singuli autem dies singularum ebdomadarum aguntur sic, id est: ut die dominica de pullo primo legat episcopus — locum resurrectionis Domini.

S. 106, 3: cuius simboli rationem, similiter sicut omnium scripturarum rationem (so schreibe ich statt des handschriftlichen ratione) exponet eis (das Komma, das G. hier setzt, ist zu tilgen) singulorum sermonum primum carnaliter et sic spiritualiter, ita et simbolum exponet.

Es liegt ein leichtes Anakoluth vor, indem simboli rationem am Schluß durch ‚simbolum' wieder aufgenommen wird. Der Sinn dieser etwas dunklen Stelle ist: „Den Sinn dieses Symbolums — ähnlich wie er bei allen heiligen Schriften den Sinn der einzelnen Sprüche erst deren eigentlichem Wortsinn nach, und dann im geistlichen Sinn auslegt — so legt er auch das Symbolum aus."

S. 106, 20: Cum autem iam transierint septem septimanae, superat illa una septimana paschalis, quam hic appellant septimana maior. Iam tunc venit episcopus mane in ecclesia maiore ad Martyrium. Nach Analogie von S. 106, 3: Et iam (cod. etiam) quando completae fuerint septimanae quinque, a quo docentur, tunc accipient simbolum, wo der Nachsatz nach temporaler Konjunktion durch tunc eingeleitet wird, noch mehr aber nach S. 107, 14: post autem venerint dies paschae, per illos octo dies, id est a pascha usque ad octavas, quemadmodum missa facta fuerit de ecclesia et itur cum ymnis ad Anastase, mox fit oratio u. s. w. ist auch hier mit verbesserter Interpunktion zu schreiben: cum autem iam transierint septem septimanae <et> superat illa una septimana paschalis, quam hic appellant septimana maior, iam tunc venit episcopus u. s. w. Ebenso wie oben (S. 107, 14) auf quemadmodum, so folgt hier auf cum erst der Konjunktiv des Perfekts, dann ein mit dem vorangehenden durch et verbundener neuer Temporalsatz, dessen Verbum im Präsens steht. Wie der Nachsatz dort durch mox (= statim) eingeführt wird, so wird er hier durch tunc eingeleitet. Tunc in der Apodosis eines Temporalsatzes findet sich auch S. 39, 14 (posteaquam — tunc), S. 49, 23 (quando — tunc); S. 67, 15 (postmodum quam — tunc); S. 76, 15 (iam autem ubi — tunc).

S. 107, 1: et ibi unus et unus vadet, viri cum patre suo, aut mulier cum matre sua et reddet simbolum episcopo. Wie S. 104, 22 beidemale der gleiche Numerus steht: si viri sunt, cum patribus suis veniunt, si autem feminae, cum matribus suis, so muß auch hier, ſchon wegen des Singulars vadet, ſtatt viri ‚vir' geſchrieben werden. Vgl. Greg. Tur. H. Fr. VIII, c. 33, S. 349, 19: clamabat autem populus, viro ac muliere.

Am Schluß des Katechumenenunterrichts hält der Biſchof fol=
gende Anſprache S. 107, 4: Per istas septem septimanas legem omnem edocti estis scripturarum: nec non ′ etiam de fide audistis: audistis etiam et de resurrectione carnis, sed et singuli omnem rationem ut potuistis tamen adhuc cathecumini audire verbum aut (cod. autem), quae sunt misterii altioris, id est ipsius baptismi, quia (Gam. ſtatt des handſchriftlichen qui) adhuc catecumini audire non potestis. Es iſt zu ſchreiben: sed et simboli omnem rationem (vgl. S. 106, 5: cuius simboli rationem — similiter exponet eis), ut potuistis tamen (= quidem) adhuc cathecumini audire; verba (ſo auch G. in der 2. Ausgabe) autem, quae sunt misterii altioris, quia adhuc cathecumini <estis>, audire non potestis. Estis habe ich ergänzt nach der folgenden Stelle, S. 107, 9: Et ne extimetis aliquid sine ratione fieri, cum in nomine Dei baptidiati fueritis, — audietis, quia (ſo G. ſtatt des handſchriftlichen qui) adhuc cathecumini estis, misteria Dei secretiora dici vobis non possunt. Vor quia iſt quoniam einzuſetzen.

S. 108, 9: Auch die zweite Ausgabe bietet wieder: Illud autem hic ante omnia valde gratum fit et valde memorabile, ut semper tam ymni quam antiphonae et lectiones tales pronuntiationes habeant, ut et diei, qui celebratur, et loco, in quo agitur, aptae et convenientes sunt (die Handſchrift hat richtig sint) semper. Das Wort, das G. durch memorabile wiedergibt, iſt ſo verblaßt, daß es ſich nicht mehr deutlich leſen läßt; doch läßt ſich vor dem zweiten m noch mit Sicherheit d erkennen. Es ſtand offenbar admirabile, nicht memorabile, in der Handſchrift wie S. 37, 7: illud sane satis admirabile est et sine Dei gratia puto illud non esse, ut u. ſ. w. Vgl. auch Gregor von Tours, H. Fr. IX, c. 17, S. 372, 15: Illud etiam admirabile fuit, quod, ubi nunquam gelu nocuit, tum omnia abstulit.

S. 109, 6: ubi non solum monachorum vel aputactitorum de diversis provinciis —, sed et <de> omnibus provinciis isdem diebus Ierusolima <se> colligunt. (de u. se G.) Offenbar iſt das den Genetiv regierende Subſtantiv ausgefallen, vielleicht turbae. Vgl. S. 58, 3: nunc autem in ipso vico turbae aliquantae commanent; S. 84, 11: pro sollemnitate autem et laetitia ipsius diei infinitae turbae se undique colligent in Ierusolima; S. 94, 11: prae tam magna turba multitudinis; S. 98, 12: maxima autem turba pervigilant.

Mit der Ausgabe der Peregrinatio hat Gamurrini einen Abdruck der Schrift des Petrus Diaconus de locis sanctis verbunden, der ja, wie bereits in der Einleitung bemerkt iſt, neben dem Buch Beda's de locis sanctis reichlich aus unserer Peregrinatio geschöpft hat, während einzelne, meist kleinere Zusätze aus einer uns unbekannten Quelle stammen, und diese drei Bestandteile auch durch den Druck voneinander geschieben, während die Ausgabe dieser Schrift des Petrus Diaconus von Riant (Neapel 1870) den Text ungesondert und ungegliedert bietet, dafür aber die Lesarten des cod. Casinensis und Neapolitanus angibt, freilich ohne daß das Verhältnis der beiden Handschriften, von denen der cod. Neapolitanus eine schlechte Abschrift der ersteren ist, erkannt wäre. Das Lob, welches Riant der von einem gewissen Honoratus im 15. Jahrhundert gefertigten Neapolitaner Abschrift spendet: il est certain que ce texte est plus clair et moins barbare que celui du Mont-Cassin ist daher ein recht zweifelhaftes. Wenn sich auch Gamurrini mit Recht rühmen kann, nonnulla, quae comitem De Riant fugerunt, vidimus ipsi, so ist doch auch in dieser Schrift noch manches einer Verbesserung bedürftig.

Gleich im prologus des Petrus Diaconus ad Guibaldum Casinensem et Stabulensem abbatem S. 114 (bei Riant S. 3) folgt G. mit Unrecht seinem Vorgänger, wenn er schreibt: quae autem indeclinabilia et immania impedimenta ... nobis obstiterint, non iam Deum verum, vos ipsos conscios, vos ipsos fideles inde clamaverim testes statt: non iam Deum, verum vos ipsos u. s. w. und weiter unten: omnis scriptor manans multimoda verbositate mullam habebit valentiam edendi scripturam dulcedine fertam statt refertam.

S. 117, 4: Foris ecclesiam retro est medietas orbis, quo loco dicit David: „operatus es salutem in medio terrae"; lies: de quo loco.

S. 118, 9 (bei Riant S. 8): contra meridiem autem non longe templum Salomonis, in quo abitavit, constructum est. Der Tempel Salomos ist im Vorausgehenden geschildert worden, und zwar wurde zuletzt die Stelle beschrieben, wo die Bundeslade aufgestellt war, und dann die Umgebung derselben auf der linken und auf der rechten Seite. Auf der letzteren stand der Altar, wo Zacharias, der Gemahl der Elisabeth, opferte, als ihm der Engel erschien. Wegen des Gleichklangs des Namens verläßt der Schriftsteller den Tempel, um die Stelle außerhalb desselben zu erwähnen, wo Zacharias, der Sohn des Barachia ermordet wurde, kehrt aber mit dem nächsten Satz wieder in den Tempel zurück, um die Schilderung des Innern, speziell des tabernaculum, zu vollenden. Mit dem obenstehenden Satz: contra meridiem autem beginnt die Beschreibung der Umgebung des Tempels; denn es folgen die weiteren Sätze: subtus templum Domini ab oriente est porta speciosa und contra aquilonem est ecclesia sancte Anne. Die Worte templum Salomonis sind also sicher korrumpiert; es muß vielmehr ein Gebäude in der Nähe des Tempels erwähnt gewesen sein. Welches dies war, erhellt aus dem Zusatz ubi abitavit; es ist deshalb herzustellen non longe a templo palatium Salomonis, ubi abitavit, constructum est.

In der aus Beda de locis sanctis c. X. entlehnten Stelle

S. 125, Zeile 3 v. u. heißt es: Urbs ipsa (Iericho) condita in campo, cui supereminet mons diffusior et nudus gignentium: aegrum enim et iciunum solum, et ideo desertum est ab incolis. In der Ausgabe von Tobler-Molinier steht agrum, die Handschriften Med., Pa. u. Pc. aus dem XV. Jahrhundert haben laut der adnotatio critica egrum, demnach scheint die Lesart der ältesten aus dem IX. Jahrhundert stammenden Würzburger und Münchner Handschrift agrum zu sein, während die Herausgeber aegrum in den Text gesetzt haben. Ein befremdlicher Ausdruck aegrum solum! Durch Verdopplung des Schluß-M von gignentium in Verbindung mit der Lesart der ältesten Handschriften ist mit Sicherheit macrum herzustellen.

S. 132, 2 (S. 27 Riant): Inde in montem, qui iuxta est, est spelunca, in qua ascendens beatitudines dixit Salvator. Gamurrini bemerkt dazu: sed in montis spelunca Dominum dixisse beatitudines a nemine traditur, immo doctiores explanatores (was das heißen soll, verstehe ich allerdings nicht) eum in loco eminenti vel tumulo sedisse arbitrantur. Daß spelunca unmöglich richtig sein kann, zeigen schon die Worte in qua ascendens; denn auf eine Höhle steigt man nicht hinauf. Matth. V, 1 steht auch: videns autem Iesus turbas ascendit in montem. Sollte es nicht eine Bezeichnung für Berg geben, die dem Wort spelunca so ähnlich sieht, daß eine Verwechslung sich leicht erklärt? Bekanntlich gebraucht Vergil das Wort specula = mons. Auch in unserer Reisebeschreibung erscheint dies Wort wenigstens in einem Namen, S. 56, 7: Sane <de> illa parte montis, quam dixi sinistra — ostensus est nobis mons precisus valde, qui dictus est Agri specula. Dazu kommt eine von Petrus Diaconus in sein Büchlein aufgenommene Stelle aus Beda, c. XII: apparet vero procul de specula montis Oliveti cernentibus. Im Spätlatein wurde endlich specula auch in übertragenem Sinn wie fastigium gebraucht, z. B. in einer gallischen Urkunde vom Jahr 692, bei Pardessus II Nr. 423: Dominis sanctis et summi culminis apice pontificalis cathedrae specula praesidentibus in Christo fratribus. Somit stehe ich nicht an auch an der vorliegenden Stelle specula statt spelunca in den Text zu setzen.

S. 136, Z. 4 v. u.: vestigia autem currus Pharaonis in mediis arenis parent usque in sempiternum. Usque in sempiternum kann nicht richtig sein; daß die Spuren des Wagens bis in alle Ewigkeit sichtbar bleiben werden (auch das fut. sollte man bei usque in sempiternum erwarten), konnte die Pilgerin doch nicht wissen. Sehr häufig kommt vor usque in hodie, z. B. 36, 7: qui locus usque in hodie ostenditur; S. 40, 9: spelunca — in hodie ibi ostenditur; S. 41, 13: qui rubus usque in hodie vivet; S. 42, 15: in eo loco fixus est usque in hodie lapis grandis; in Verbindung mit parere tritt es auf S. 42, 22: de quibus abitationibus usque in hodie adhuc fundamenta parent; mit apparere endlich S. 67, 2 u. 3: sicut tamen et usque in hodie apparet und nec qualiscunque humor ibi apparuit usque in hodie. Auch S. 137, 5 ist somit nicht mit Gamurrini zu interpungieren: in eo autem loco, in quo ingressi sunt filii Israel in mare, id est quo usque Pharaonis orbite parent, in hodie duo signa posite sunt, sondern mit Riant das Komma nach in hodie zu setzen. Auch in dem Büchlein des Petrus erscheint diese Zeitbestimmung sehr oft, meist in Verbindung mit parere, z. B. S. 129, 4: cuius fundamenta usque odie parent und S. 132: fundamenta turris — usque hodie apparent; S. 128: fundamenta — adhuc ex parte parent und S. 131, 11: de qua domo adhuc fundamenta parent; S. 129, 6: quae domus usque hodie permanet; S. 129, 11: qui usque hodie videtur; S. 129, 14: sepultura autem — usque hodie est. S. 60, 2 der Peregrinatio endlich findet sich usque in hodierna die und bei Petrus S. 143, 4: de quibus habitationibus usque in hodiernum diem fundamenta parent; vgl. auch Antoninus Martyr de locis sanctis c. XXXII, S. 109: qui fons usque in hodiernum diem irrigat ipsa loca. So wird auch an der obigen Stelle usque in hodiernum statt sempiternum herzustellen sein.

Die unmittelbar darauffolgende Stelle muß ich gegen die Konjekturen Gamurrini's in Schutz nehmen: rote autem ipse inter se multo plus abent (Gam. parent, Riant mit cod. N. distant) quam currus temporis nostri, qui nunc in Romano imperio fiunt; nam inter rotam et rotam viginti et quatuor pedes (et setzt hier G. ein), eo amplius fuerunt; orbite autem ipse abent binos pedes in lato. Die Lesart des cod. Casin. abent bietet sicher das Richtige. Der Sinn ist klar: „Die Räder selbst haben untereinander viel mehr Zwischenraum als die Räder unserer Zeit (die Spurweite ist eine größere), denn zwischen den Rädern war ein Abstand von 24 Fuß oder noch mehr; die Radspuren aber selbst haben zwei Fuß in der Breite." Aus eo in Verbindung mit dem vorangehenden verdoppelt zu denkenden s wird seo oder seu gewonnen, so daß die Ergänzung von et überflüssig wird.

Nachträge.

Zu peraccedo oben S. 6 möchte ich noch folgende Stellen aus Aethicus, Cosmogr., ed H. Wuttke, Lipsiae 1853 nachtragen: p. 17, 29, c. 31: unde ait vetusta fama processisse Saxonum sobolem et ad Germaniam procliorum feritate peraccessisse. p. 23, 23, c. 36: adserit Alexandrum magnum ibidem per obsid[i]um federa peraccessisse. p. 40, 31, c. 60: ad quam magnus Macedo peraccessit. p. 51, 35, c. 68: Europam properantes peraccedunt. p. 52, 29, c. 68: et ob hoc illuc usque peraccessisse. p. 76, 27, c. 102: Pirrencos montes Cisalpinaque iuga peraccessit. p. 77, 34, c. 103: victoria parata mox Albaniam peraccessit. p. 77, 5, c. 102: post primam eversionem Troiae secundus cruentator peraccessit. Spricht schon der häufige Gebrauch dieses der gallischen Latinität angehörigen Verbums für die von Teuffel, Gesch. der röm. Literatur³ § 497 als wahrscheinlich bezeichnete Herkunft dieser Schrift aus dem Merowingerreich, so kann kein Zweifel darüber mehr bestehen, weil ihr Verfasser auch durch den Gebrauch von apud = cum (vgl. darüber meinen Aufsatz in Wölfflins Archiv II, S. 26 ff. und Bonnet, le Latin de Grégoire de Tours p. 603, a. 4) sich als Gallier verrät, was aus Vergleichung von Aeth. p. 77, 9, c. 103: Francus enim et Vassus foedus apud Albanos patraverunt mit Liv. 44, 25: pacis patrandae cum Romanis paciscebatur mercedem deutlich hervorgeht.

Leider gelang es mir erst während des Drucks in den Besitz der neuesten Ausgabe der Peregrinatio zu gelangen: Peregrinatio ad loca sancta saeculi IV excuntis. Edita, rossice versa, notis illustrata ab Joh. Pomialowsky (aus den Schriften der rechtgläubigen Palästina-Gesellschaft VII, 2), Petersburg 1889, anerkennend besprochen von Lucian Müller in der Berliner Philologischen Wochenschrift 1890, Nr. 14. Die Ausgabe basiert auf einer von Cholodniak, Privatdozenten der Petersburger Universität, mit großer Akribie gefertigten Abschrift der Handschrift. Einige wichtigere Versehen, soweit sie nicht bereits auf S. 269 berichtigt sind, sind folgende: S. 20 (G. ¹ 55, 9) ist nicht überliefert locum videremus, sondern cum mit darübergeschriebenem lo; S. 26 (G. 62, 5) nicht sic stat inperfecta, sondern sic fuit inperfecta; S. 31 (G. 67, 24) nicht cum epistola, sondern cum epistolam; S. 39 (G. 76, 11) nicht usque in lucem, sondern u. in luce; S. 42 (G. 80, 29) nicht et sunt omnia, sondern fiunt; ebenso S. 60 (G. 98, 18) nicht vigiliae autem paschales sic sunt, sondern sic fiunt; S. 48 und S. 50 (G. 87, 14 und 88, 24) nicht de hora lucernari, sondern lucernarii; S. 54 (G. 92, 23) nicht id est ubi dicitur, sondern dicit, indem die Abkürzung für ur durchstrichen ist; S. 57 (G. 95, 6) nicht et sic confortans, sondern confortantes; S. 64 (G. 102, 15) nicht nullus christianus, sondern christianorum; S. 68 (G. 106, 19) nicht iam vacat eos doceri, sondern, wie es auch der Sinn erfordert, iam non vacat; S. 70 (G. 108, 9) nicht et valde memorabile, sondern admirabile; S. 70 (G. 108, 12) nicht convenientes sunt semper, sondern sint; das Wort ist verblaßt, aber nur für sint ist Platz; S. 71 (G. 109, 17) nicht sollem nitati, sondern sollen nitati.

Auf S. 257—62 werden Konjekturen Cholodniaks mitgeteilt, die sich zum Teil mit meinem oben vorgetragenen berühren, zum Teil von denselben abweichen, und die ich in Kürze noch besprechen will (ich zitiere wie stets nach Seiten und Zeilen der ersten Ausgabe Gamurrinis).

Zu S. 35, 2 statt sex — se wie Sittl und G.²; siehe oben S. 17, Z. 4 v. o.

Zu S. 35, 4 st. mons sanctus Dei Syna — mons Dei, sanctus Syna. Richtig nach S. 38, 14.

Zu S. 36, 11 (besprochen oben S. 13) st. qui hinc paret — quia hinc parte. Es müßte doch wenigstens de hac parte heißen. Das Wort paret darf nicht angetastet werden, da S. 35, 4 vorausgeht: et trans vallem apparebat mons sanctus Dei Syna.

S. 39, 1 st. omnia — omni wie ich oben S. 18.

S. 39. 8 modica nerrola est: statim s. monachi — arbusculas ponunt (Chol. mit viel Wahrscheinlichkeit terrola) et pomariola instituunt, vel orationes, et iuxta sibi monasteria instituunt. Wölfflin, Archiv IV, S. 267 vermutete arationes, Chol. olerationes, beide mit Unrecht. Man muß nur nicht vel orationes als Erklärung von pomariola fassen, sondern bedenken, daß vel oft = et ist (Wölfflin a. a. O. S. 270). Deshalb tilge ich die Kommata und fasse orationes nach der von Rönsch, Semasiol. Beitr. I, S. 52 angeführten und durch weitere Belege illustrierten Glosse in Iuv. X, 23 ed. Keil: proseucha, Graece oraculum vel oratio, ubi Deus oratur.

S. 39, 20: illud autem vos volo scire, — qui de illo loco — Chol. quia wie ich oben S. 18. Vgl. auch Thielmann, Über Sprache und Kritik des lat. Apolloniusromans, Progr. v. Speier 1881, S. 17: Noch häufiger als quod findet sich quia in derselben Funktion, und zwar meist nach den Verben des Wissens: 6, 13 scias quia, 10, 4. 40, 2 nescis quia, 39, 20 ignoras quia, aber auch sonst.

S. 39, 28 und 50, 10 vermutet Ch. statt des von mir oben S. 26, 3. 14 v. u. besprochenen quod mittit — quo mittit, was mir unverständlich ist.

S. 43, 4 (siehe oben S. 23) dem Sinne nach richtig, aber unnötig statt scribere satis fuit — satis longum fuit; retineri statt retinere wie Sittl und ich.

S. 43, 14 teilweise in Übereinstimmung mit S.² statt confixus mos esset primitus tabernaculum — confixit Moyses set primitus. Siehe oben S. 24.

S. 43, 20: qui tamen per etate occurrere non poterant — pro. So steht aber auch in der Handschrift, vgl. die Berichtigungen S. 271.

S. 44, 10: cum pervenissemus Faram, quod sunt a monte Dei millia triginta et quinque — Chol. quo. Die Überlieferung ist einwandsfrei, „was vom Berge Gottes 35 Meilen sind" = „ein Weg, welcher" ist doch ganz deutlich. Quo widerspricht überdies dem Sprachgebrauch, der ubi erfordert (siehe oben S. 34 zu S. 68, 17), wie auch eo durch ibi verdrängt ist. Aus diesem Grund ist auch die Vermutung Cholobniaks, an der von mir S. 34 besprochenen Stelle S. 68, 17 sei statt ergo cum venissem — eo cum venissem zu schreiben, verfehlt.

S. 44, 14: inde denuo alia die facientes aquam (= aquati) pervenimus ad mansionem will Cholobniak durch die matte Interpolation iter facientes ad aquam einen sicherlich ächt vulgären Ausdruck beseitigen.

S. 47, 11 (siehe oben S. 24): Magdalum fines statt des handschriftlichen Magdalum fuimus; vgl. auch Thielmann a. a. O. S. 39.

S. 47, 14 ist inde Belsephon statt Iobelsefon Vermutung Mommsen's, Sitzungsber. der Berliner Akad. 1887, Bd. I, S. 361. Siehe oben S. 24.

S. 49, 6: excelsae statt excusae überzeugt mich nicht. Siehe oben S. 25.

S. 49, 11 ist mit Recht incommoditas gebilligt. Vgl. oben S. 22. Zu tollo = sumo vgl. Thielmann a. a. O. S. 36.

S. 50, 9 (siehe oben S. 26) statt quo ei iam — quoniam wie ich.

S. 50, 14 faßt Chol. ähnlich wie ich oben S. 22, indem er statt primos „plurimos" vermutet, an welches ich auch gedacht hatte. Ich zog schließlich pulcherrimos vor, weil plurimos neben cultissimos zu farblos ist.

S. 51, 23: quae appellatur Libiada; statt qui der Hdschrft. hat schon G.[1] (que) im Text.

S. 53, 6: in eo ergo loco ecclesia est pisinna subter montem non Nabaú, sed alterum interiorem — Chol. inferiorem. Auch ich hatte an inferiorem gedacht; möglicherweise aber ist interiorem richtig = weiter innen im Gebirg.

S. 53, 28: modice autem erat acrius — Ch. modica berührt sich mit meinem Vorschlag modicum oben S. 27, an dem ich festhalte, wegen des Neutrums acrius und des Relativums quod.

S. 54, 6: ibi ostensum est statt ubi der Hdschrft., für mich nicht überzeugend, da man wenigstens hic erwartete. Siehe oben S. 27.

S. 54, 14 schlägt Ch. statt dicimus das Futurum dicemus und S. 65, 4 statt ostendimus ostendemus vor, offenbar einer Andeutung Wölfflins, Archiv IV, S. 261 folgend. Siehe daselbst, was Wölfflin gegen eine etwaige derartige Änderung einwendet.

S. 54, 19 (siehe oben S. 25) Pomialowsky's von Ch. gebilligter Vorschlag statt circa Iordanem „citra" zu schreiben, trifft sicher das Richtige wegen des Gegensatzes quae trans Iordanem erat. Statt tantum eminerat excelsus locus schlägt Ch. vor tantum enim erat excelsus locus. Meines Wissens wird sonst in unserer Schrift nie ein Adjektiv durch tantum gesteigert. Zu den von mir oben angeführten Stellen füge noch S. 59, 9: requisivi de eo quam longe esset iste locus.

S. 55, 5: titulus uxoris Loth — stylus schwerlich richtig; titulus = Grabschrift, Grab siehe bei Du Cange.

S. 59, 9. Gegen videramus (so auch Sittl) habe ich mich bereits oben S. 29 ausgesprochen.

S. 59, 17 u. 66, 25: quia semel integrum — Ch. qui a semet, offenbar nach Gamurrini, der aber nicht genannt ist; siehe dagegen meine Bemerkung oben S. 30.

S. 59, 20: copos tu agiu Ioannu — cepos schon G. in der Anmerkung.

S. 60, 5: sic redirent — ac sic redirent möglich, aber nicht nötig.

S. 61, 2 steht in der Handschrift et iusso Dei corvi escam portabat. Statt nun mit G. portabant zu schreiben, schlägt Ch.

corvus ei escam portabat vor, sicher mit Unrecht, da in der Bibel lib. III reg., c. XVII, 6 steht: corvi quoque deferebant ei panem et carnes.

S. 60, 22: vidimus monasterium cuiusdam fratris nunc, id est monachi — Ch. nunni sehr wahrscheinlich; vgl. Du Cange s. v. nonnus.

S. 61, 8: unde e contra partes Fenicis videbamus — Ch. parte, mir unverständlich. An eine Änderung ist nicht zu denken, da partes = regio ein im Spätlatein allgemein üblicher Ausdruck ist, vgl. z. B. Cassian, Index v. Petschenig, und Krusch, Index zu den script. rer. Merow. t. II.

Zu der von mir oben S. 31 besprochenen Stelle S. 61, 15: quam sequentes fuerunt vermutet Ch. iverunt. Vielleicht ist doch nichts zu ändern. Vgl. Thielmann a. a. O. S. 41: „Bulgär ist die Umschreibung des einfachen Verbums durch das part. praes. mit esse (Köhler act. Erl. I, p. 449 und Kaulen p. 235): h. Ap. 64, 5 quae sequens ei erat (= eam sequebatur)", sowie W. Hartel, Archiv III, S. 37.

S. 61, 16: et subito — Ch. at subito, ich oben S. 31 ad subito.

S. 62, 15: volui, ut et — accederem (cod. accedere) sicher richtig verbessert.

S. 62, 25: quoque epistola — quae epistola habe ich bereits Archiv IV, S. 614 vorgeschlagen.

S. 63, 7: provinciae Siriae Celen, quae est Antiochiae — Ch. quae proxima est. Es muß allerdings etwas derartiges, vielleicht finitima, ausgefallen sein.

S. 64, 6: perreximus ad ecclesiam — perexivimus; möglich, da perexire S. 41, 5 und öfter vorkommt, aber nicht notwendig.

S. 64, 10 statt ut vere digna est — et vere d. e. wie ich oben S. 32.

S. 65, 5 statt et sic ipsum — et sic ipsi wie ich oben S. 33.

S. 65, 8: ut ipsi dicebant — ut ipse dicebat möglich.

S. 66, 20: Nam monticulum istum, quem vides, filia, super civitate hac, in illo tempore ipse huic civitati aquam ministrabat. Ch. vermutet statt monticulum — fonticulum. Wegen super civitate hac erscheint schon an und für sich monticulum wahrscheinlicher. Da es aber Zeile 27 von jener Quelle außerhalb der Stadt heißt: illa autem aqua, quam Persae averterant, ita siccata est in ea hora, ut nec ipsi haberent vel una die quod biberent, qui obsidebant civitatem, sicut tamen et usque in hodie apparet: nam postea nunquam nec qualiscumque humor ibi apparuit usque in hodie, so ist doch sonnenklar, daß man keinen fonticulus mehr sehen konnte, sondern nur den monticulus, auf dem das Wasser entsprang.

S. 67, 9: ubi e rupe ierunt — Chol. eruperunt wie ich oben S. 33.

S. 67, 13: quotiensque — quotienscunque wie ich S. 34, Z. 2 v. o.

S. 67, 15: iuxta parte posita — Chol. patre, ich oben S. 34 pariete. Zu iterato, S. 67, 20 (oben S. 34) vgl. auch Thielmann a. a. O. S. 15.

S. 68, 10: legi si vos — legitis vos Chol., legetis et vos G², beibe Vorschläge dem Sinn entsprechend.

S. 69, 25 (siehe oben S. 19, Z. 16 v. u.) non eos descendere — Ch. non [eos] descendere unnötig.

S. 70, 5: post martyrum diem — Chol. wohl richtig post martyrii diem; es handelt sich nämlich um den Tag des Märtyrers Helpibius und Zeile 3 geht voraus propter diem martyrii. Dann muß man aber aus Konsequenz auch S. 69, 14 statt pridie martyrium die „pridie martyrii die' schreiben.

S. 70, 14: et de scripturis — Chol. est de scripturis wie ich oben S. 34.

S. 72, 1: locum iuxta puteum — Chol. loco wie ich S. 12 a. E.

S. 74, 6: quam ego apud Ierusolimam noveram, ubi illa gratia orationis ascenderat: haec autem monasteria aputactitum seu virginum regebat — Chol. hic autem, wohl sinnentsprechend, aber kaum nötig.

S. 74, 17: lecta omnia actus — lecto omni actu vgl. oben S. 18.

S. 75, 15: Ubi (Constantinopolim) cum venissem, per singulas ecclesias vel apostolos nec non et per singula martyria, quae ibi plurima sunt, non cessabam deo nostro Jesu gratias agere vermutet Chol. statt apostolos „templos'. An eine Änderung ist nicht zu denken. Siehe die Anm. Gamurrini's und die Predigt des heil. Johannes Chrysostomus über den Circusbesuch am Freitage: „Da stürzte die ganze Stadt wie ein Waldstrom zu den den Aposteln geheiligten Orten, da nahmen wir zu Fürbittern den heil. Petrus und den sel. Andreas, das werte Apostelpaar, und Paulus und Timotheus nicht mint..." Vgl. J. Chrys. (ed. Paris. 1721) t. III, p. 425b ὑμᾶς ἐκάλεσα πρὸς τοὺς ἀποστόλους u. t. XII, p. 853a ὁμιλία ῥηθεῖσα ἐν τοῖς ἀποστόλοις.

S. 77, 12: et sic exiens de cancellos — Ch. de intro cancellos, wahrscheinlicher als G.'s Vermutung de cancellis, da S. 77, 2 de intro cancellos vorangeht und unten Zeile 18 wiederkehrt.

S. 77, 17: Lumen autem de foris non affertur, sed de spelunca interiori eicitur — Chol. elicitur, unnötig.

S. 79, 1: ad manum episcopus (cod. eps, G. episcopi) — Chol. episcopo, wie ich oben S. 35.

S. 79, 5: finiuntur ergo haec omnia cum crebris — tenebris vermutete schon G.[1]

S. 80, 27: Cum luce autem, quia dominica dies est, et proceditur in ecclesia maiore — et fiunt (nicht sunt) omnia secundum consuetudinem. Ch. will et vor proceditur tilgen, ohne Grund, da es dem zweiten et vor fiunt korrespondiert.

S. 82, 2 (siehe oben S. 39) statt fiat — fit.

S. 82, 9 ändert Ch. ohne Grund supra modo lucent in supra numero.

S. 83, 9: quam (fabricam) Constantinus honoravit auro — Ch. mit Wölfflin, Archiv IV, S. 260 ornavit.

S. 82, 19: homines laetitia — haec omnis laetitia; so auch ich oben S. 39 und G².

S. 84, 7: nam et illa hora — usque ad lucem pervigilant von Ch. unzweifelhaft richtig emendiert ex illa hora.

S. 84, 17: omnes procedunt et ordines aguntur omnia cum summa laetitia — Ch. ordine, wie im Text G.'s steht. Ich vermute: ordine suo nach S. 39, 2: et facta oblatione ordine suo; S. 86, 2: lucernare hoc idem hora sua fit; S. 99, 10: et ordine suo fiunt missae; S. 101, 2: fit missa ordine suo; S. 101, 7: celebratur missa ordine suo; S. 102, 5 u. 9: postmodum fit ordine suo missa.

S. 84, 21: de oblatione ipsa qua obtulerunt — quam schon G¹.

S. 84, 23: quae consuetudines sunt — Ch. consuetudinis sunt, richtig nach den von mir oben S. 43 gesammelten Stellen.

S. 85, 4: quia necesse est una sabbati ieiunari — Ch. sabbati die, wohl richtig; weniger nötig erscheint die Hinzufügung von die; S. 101, 21: sed eadem adceleratur missa — Ch. ea die, weil dominica die vorausgeht.

S. 85, 10 statt fiet — fit; ich vermutete oben S. 40 fit et.

S. 86, 14: ad nonam autem, quia consuetudo est semper, id est toto anno, quarta feria et sexta feria ad nona in Syon procedi, quoniam in istis locis, excepto si martiriorum dies evenerit, semper quarta et sexta feria etiam et a cathecuminis ieiunatur (cod. ieiunari), et ideo ad nonam in Syon proceditur. Ch. will oben vor quia einsetzen in Sion proceditur; ich halte dies für überflüssig, da ein Anakoluth vorliegt, hervorgerufen durch den langen parenthetischen Satz quia — ieiunatur, ähnlich wie das oben S. 17 von mir besprochene S. 38, 7.

S. 87, 5: iam et tota lucernari — Ch. iam est hora lucernaris, ähnlich ich oben S. 40.

S. 87, 20: ut ea hora, qua incipit sol procedere, ad missam in Anastase facta sit — die Verbesserung iam missa rührt von G¹. her.

S. 88, 20 (siehe oben S. 41) librari statt liberari mit G.

S. 88, 22 (siehe oben S. 41 f.) ergänzt Ch. die lückenhaft überlieferte Stelle: < Ac prima quidem septimana > quadragesimarum sic fit et completa ea iam septimana (statt completo earum septimanaru.¹). Ich kann deshalb nicht beistimmen, weil im Vorausgehenden über das ieiunium nicht nur der ersten Woche, sondern der ganzen Fastenzeit gehandelt ist. Statt vigiliae sunt S. 88, 23 vermute ich übrigens fiunt wegen S. 89, 4 und gestehe, daß ich in diesem Punkt der Richtigkeit meiner Kollation nicht ganz traue.

Weiter will Ch. die Schwierigkeit der Stelle durch Tilgung von vigiliae heben; es bleibt aber dann der von mir oben S. 42 hervorgehobene Anstoß wegen autem. Ich bleibe also bei meiner Streichung von quae. Statt eae quae in Anastase — Ch. wie ich eam qua.

Die Interpunktion von 89, 7 facit oblationem. Mane sabbato, iam ut fiat missa, mittit u. s. w. stimmt im wesentlichen mit der von mir oben S. 37 gegebenen überein, indem ebenfalls iam ut fiat missa als Vordersatz zu mittit gefaßt ist.

S. 89, 15: Ibi ergo cum venerit episcopus, occurrent illi omnes monachi, et populus ibi ingreditur; dicitur unus ymnus. — Ch. et populus ubi ingreditur, dicitur. Ubi als temporale Konjunktion mit Ind. Präs. kommt sonst nicht vor; es müßte heißen: ingressus fuerit. Einfaches ubi steht in diesem Sinn überhaupt nur einmal S. 76, 16.

S. 90, 7: alia ergo die — quae intratur. Ch. schreibt mit G.[1] richtig qua.

S. 90, 8: celebratis de pullorum cantatis, quae consuetudinis sunt — Ch. mit einer leichten, aber dem Sprachgebrauch bestens entsprechenden Änderung von G.'s Vermutung cantu eis ‚cantu his'.

S. 90, 16: die crastino — Ch. de die crastino wie ich oben S. 43.

S. 91, 15: et quotquot sunt infantes — usque etiam, quae (G. qui) pedibus ambulare non possunt. Ch. will quae im Text lassen, ganz unmöglich, da folgt quia teneri sunt, in collo illos parentes sui tenent. Vgl. auch S. 94, 9: usque ad minimus infans.

An der oben S. 44 besprochenen Stelle S. 92, 7 vermutet Ch. interpositae semper orationes <fiunt>. Da aber auch S. 91, 7 (oben S. 36, Z. 8 v. u. angeführt) das Verbum aus dem Vorausgehenden zu ergänzen ist, ist es mir zweifelhaft, ob die Ergänzung nötig ist. lucernarium statt lucernarum, wie ich oben S. 44, hat auch Pomialowsky in den Text aufgenommen.

S. 92, 10 statt sic est ergo ut — ac sic est ergo, ut wahrscheinlich.

S. 92, 11: ubi cum factum fuerit missa — Ch. missam; es ist wohl zu schreiben facta f. missa.

S. 93, 11: et facitur missa hora forsitan decima. Ibidem antea autem quam fiat missa, mittet vocem archidiaconus — Pom. und Chol. setzen richtig den Punkt nach ibidem.

S. 94, 2: accedit eodem loco — acceditur wie ich oben S. 45.

In der von mir oben S. 36, Z. 16 v. u. angeführten Stelle S. 94, 19 setzt Ch. vor pervenitur mit Recht et ein.

S. 95, 6: et sic confortans (cod. confortantes) eos, ut potest ipse, alloquens dicit eis. Möglicherweise ist mit Ch. ipse alloquens zu verbinden, da derartige Aufforderungen sonst vom Archidiaconus ausgehen, z. B. S. 90, 16.

S. 95, 8 et modico — Ch. sed modico sehr plausibel. Siehe oben S. 45.

Dagegen halte ich S. 95, 10: ut s. lignum crucis possitis videre, ad salutem sibi unusquisque nostrum credens profuturum die Änderung von nostrum in vestrum für verfehlt, da damit der Bischof sich vom Glauben der Gemeinde ausschließen würde.

S. 96, 4 custodent — Ch. custodient.

S. 96, 6 schreibt Ch. furasse de s. ligno und setzt Z. 14 vor pertransierint et ein wie ich oben S. 45.

S. 96, 16: et cornu adtendent et anulum kann ich der Vermutung Ch.'s, es sei adtingent zu schreiben, nur beipflichten, da

Zeile 11 vorausgeht: sic de oculis tangentes crucem und 13: manum autem nemo mittit ad tangendum.

Auch S. 97, 1: omnis populus transit per unum ostium intrans per alterum: per alterum perexiens stimme ich der Annahme einer Dittographie bei.

S. 97, 30 ergänzt Ch. nach omnes — vadent, wie ich oben S. 45.

S. 98, 5: hoc autem lecto fit oratio, benedicuntur cathecumini, sic fit missa ist die Ergänzung Ch.'s nach cathecumini < sic fideles ac > sehr wahrscheinlich.

Dagegen kann ich S. 99, 3: Et post facta missa vigiliarum in ecclesia maiore, statim cum ymnis venitur ad Anastase; et ibi denuo legitur ille locus evangelii resurrectionis; fit oratio; et denuo ibi offeret episcopus dem Vorschlag Ch.'s et ibi demum legitur meine Zustimmung nicht erteilen. Da nach S. 101, 13 an den Quinquagesimä während der vigiliae das Evangelium von der Auferstehung iuxta consuetudinem verlesen wird (vgl. dazu S. 80, 12), so ist es doch ganz glaublich, daß am Ostersonntag Morgen nach den Vigilien das Osterevangelium noch einmal verlesen wurde. Dazu kommt, daß in der nächsten Zeile folgt: et denuo ibi offeret episcopus. Auch am Sonntag nach Ostern wird das Evangelium noch ein zweites Mal verlesen S. 100, 25: legitur denuo et ille locus evangelii.

S. 99, 9: sero autem illi dies paschales sic attenduntur. Chol. sex; aber es ist stets von octo dies paschales die Rede.

S. 99, 15: quia dies paschales sunt — Ch. qua = quando, da man in der That eine Zeitbestimmung erwartet.

Zu der Tilgung von ubi S. 99, 17 ubi ita tamen nach Wölfflins Vorgang, vgl. Archiv IV, S. 273.

S. 100, 7 statt ubi non erat — Ch. ibi non erat, wie ich oben S. 12.

S. 100, 33: nam semper ipsos dies — consuetudinaria aguntur setzt Ch. mit Recht nach semper per ein, vgl. S. 99, 10 und 12.

S. 101, 2: fit missa ordine suo. Die eadem quadragesimarum post pascha, id est quinta feria. Da die Worte fit missa o. s. von der IV. und VI. feria gesagt sind, ist die eadem nicht zu halten. Durch die von Ch. vorgeschlagene Interpunktion: fit missa ordine suo die eadem. Quadragesima autem post pascha ist nichts gedient, da es heißen müßte diebus eisdem (S. 101, 1 ipsis diebus) und da der Singular octava, quadragesima, quinquagesima (S. 100, 31: a pascha autem usque ad quinquagesima ist wohl quinquagesimas zu schreiben) nie vorkommt, sondern stets der Plural. Am einfachsten ist geholfen, wenn man unter Beibehaltung von G.'s Interpunktion statt eadem „autem' schreibt; vgl. S. 101, 11 den Satzanfang quinquagesimarum autem die, id est dominica und S. 103, 23: Iam autem de alia die quinquagesimarum.

S. 102, 2 schreibt Ch. wie ich oben S. 46: sed ut hora tertia.

S. 102, 3: ille locus de actus apostolorum darf nicht in actis

geändert werden, da in diesem Sinn actus nach der 4. Deklinatio[n]
auch S. 102, 9 und 74, 17 gebraucht wird.

S. 102, 5 ergänzt Ch. nach de hoc ipsud quod lectum est –
praedicant.

S. 102, 10; 102, 29 und 106, 3 schreibt Ch. richtig et ia[m]
statt etiam wie ich oben S. 37.

S. 102, 12: parati simus Imbomon ist die Ergänzung von i[re]
vor Imbomon richtig nach S. 91, 4; 93, 29; 99, 27 und 102, 17.

S. 102, 14: unusquisque quomodo potest ist nicht mit Ch. z[u]
ändern in qui modo potest, da quomodo = ut ist; auch S. 104,
steht qui quomodo possunt; vgl. S. 98, 13: qui ut possunt,
S. 103, 24: qui prout potest. Siehe darüber Wölfflin, Archiv IV
S. 275 oben. Ebensowenig ist natürlich auch S. 78, 11: unusquisque quomodo stat zu ändern.

S. 102, 15 wird qui non omnes vadent von Ch. willkürlich i[n]
quin geändert, obwohl qui non nach negativem Hauptsatz durc[h]
62, 24; 93, 2; 97; 24 und 109, 10 gesichert ist.

S. 102, 16: subito fuerit — subitum fuerit wie ich S. 38 und G[.]

S. 102, 22 wird aus conveniunt wegen des regierenden u[t]
'conveniant' gemacht.

S. 103, 12: fiet ad Crucem — fit et ad C. wie ich obe[n]
S. 40 vorgeschlagen habe.

S. 104, 7: excepta dominica die, quia necesse est illum d[ie]
pullo primo ire ist quia nicht in qua zu ändern, da durch quia d[ie]
Ausnahme begründet wird.

S. 104, 11: quam consuevit — qua wie ich oben S. 42, 3. 4. v. 1[.]

S. 104, 12: semper nona in Syon fit — ad nonam, wahrscheinlic[h]

S. 105, 19: cathecuminus autem ibi non intrat wird m[it]
Unrecht der kollektive Singular in den Plural geändert.

S. 107, 6: sed et singuli omnem rationem — Ch. singulorum
ich halte meine oben S. 48 vorgeschlagene Emendation für eviden[t.]
Ebenso verfehlt ist der weitere Vorschlag statt verbum autem ‚veru[m]
autem' zu lesen. Quia adhuc cath. statt qui wie ich oben a. a. [O.]

S. 108, 12 ist eine Konjektur sint für sunt nicht nötig, d[a]
sint in der Handschrift steht.

S. 108, 19: hoc ita ordinatum est, ut quando primum
ecclesiae suprascriptae consecrabantur, ea dies esset, qua cru[x]
Domini fuerat inventa, ut simul omni laetitia eadem die celebrarentu[r]
Ch. schreibt mit Recht celebraretur; vielleicht ist auch omnis laetiti[a]
zu schreiben nach S. 83, 19.

In der Heilung der verderbten Stelle S. 109, 6 war Ch[.]
glücklicher als ich. Das von mir oben S. 48 vermißte Subje[kt]
turbae wird aus ubi gewonnen. Die Ergänzungen Gamurrinis we[r-]
den unnötig, indem aus sed et ‚se ex' (vielleicht besser se de) he[r-]
gestellt wird, vor Ierusolima endlich wird in ergänzt.